昭和の武人

# 櫻公路一顱先生の教え

小林直樹

昭和の武人

# 櫻公路一顱先生の教え

小林直樹

# はじめに

一九七〇年、東京・赤羽に、中国拳法の町道場がありました。このことひとつをとっても、今思うと奇跡のような気がします。


その道場がたまたま櫻公路先生の道場だったこと。

自分がたまたまその道場の近所に住んでいたこと。

これらの偶然の縁に導かれて、私は、櫻公路一顱先生のもと、中国拳法の修業を始めました。

私に自慢できることがあるとすると、「良き師に教えをうけた」ということ。それだけです。

私は、櫻公路先生と出会い、師を敬うことを知りました。


先生から、中国拳法という財産をお預かりしました。それと同時に、先生の人となりに触れて得ることのできたものがあります。身体の訓練だけでなく、拳法の修業を通して、心を育てていただきました。その両方が尊く、かけがえのないものです。

先生はもう亡く、先生に直接お礼をするのはもうかなわないことですが、そうであれば、先生の教えを次の世代に伝え残すことで、私なりのご恩返しをしたい、とつねづね考えてきました。
細々とではありますが、私が先生から教えて頂いた拳法の技術と、その心を、少しでも伝えていきたいと思ってやってきました。
そうしたなかで壮神社の恩蔵社長とのご縁があり、このように櫻公路先生についての本を書く機会を与えて頂くことが出来ました。

心を受け継ぐというのは、技術を教えるということ以上に難しいところがあります。この本では、武道の理念や技術のことを語るのではなくて、師匠と弟子という関係、教えるということと教わるということ、先輩・後輩というとても日本的な人間関係について語っていきたいと思っています。そういう意味で、武道や中国拳法を全く知らない方でも、興味を持っていただけると思います。

まずは櫻公路先生の教えについて思い出を語る前に、私が、大日本講武会という道場に入門した頃のことからお話ししていきたいと思います。

昭和の武人　櫻公路一顱先生の教え

# 目次

## 第一部　櫻公路一顱先生と大日本講武会　9

# 第一部　櫻公路一顱先生と大日本講武会

## 入門は縁のもの

中国拳法の世界では、何年かかっても良い師を選んで師事すべしといいます。これは、どんな世界でも多かれ少なかれ当てはまることで、同じような才能に恵まれていても、良い先生に巡り会えるか否かで、その才能を開花させる課程には差が出てくるものでしょう。

才能というのは、本人が諦めずに努力し続ければいずれは開花するものだというように私は思っていますが、良い指導を得てすくすくと伸び大輪の花を咲かせられる人もいれば、苦労をして、遠回りをして、時には絶望を味わいながら、やっと花開く人もいるのです。

この先生なら、と思い定めた師匠に入門を許されるまで、時期を待つのが良いか？　それとも一日でも早く修業を始めるのが得か？

人生では、選択しなかった道がどこにつながって行くのか、ということは永遠にわかりませんから、この答えを出すのは難しいことですよね。

だいたいが、まったくはじめて始めるものについて、どこに良い先生がいるのか、どんな先生が良い先生なのか、ということが初心者にわかるものでしょうか。

今のように、インターネットでたくさんの情報が得られる時代になっても、そんなたくさんの情報の中から、最良の選択をするというのは、難しいことに違いありません。

初めから良い師を選ぶということは、簡単なことではないと思います。

これはもう、縁というか、運というか、そういうものもあるのではないかと思います。


大日本講武会に入門するまでの私の武道歴と言えば、小学生のころに警察署で手ほどきをうけ、中学の部活まで続けた剣道です。

ほんとうは最初、柔道をやってみたくて、母に習わせて欲しいと言ったのですが、危ないからダメだ、とやらせてもらえませんでした。

正しい指導者の下で修業すれば危ないということはないと思うのですが、武道の経験のない私の母親にはそんなことはわかりません。それでも、柔道のかわりに、警察署で教えている剣道を習わせてくれました。中学でも部活で剣道を選びましたが、高校に入ったときは、マンガが好きだったので美術部を選択しました。

私が櫻公路先生の下で中国拳法を修業することになったのは、まったくの偶然からでした。昭和四五年（一九七〇年）。私は高校一年生でした。

ある日、高校からの帰り道、友達と電車に乗っていたら、線路沿いの建物に「中国拳法」という看板があるのを見かけたのです。

当時、まだブルース・リーの映画が日本に入ってくる前のことだったので、中国拳法なんて、二人とも見たことも聞いたこともありません。いったいどんなことをやるのか見当もつきませんでした。

その友達のお兄さんは沖縄空手をやっていて強かったので、友達も興味を持ったのでした。「中国拳法なんて珍しいよね。」「どんなことをやってるのかな？」などと話しているうちに、「それじゃあ行ってみようか？」ということになりました。

まったく軽い気持ちで、話がまとまってしまいました。まあ、ちょっと人と違うことをやるのがかっこいい、という年頃ではありました。

誰も知らない拳法っていうのをやってみるのも、かっこいいんじゃないの？　そんな感じだったのです。

それで、その看板のところに行ってみたらそれが、櫻公路先生の大日本講武会だったというわけです。あえて言うなら、直感に導かれて、とでもいうことになりましょうか。

もともと私は理詰めで考える人間ではなくて、何事も直感で決めるタイプです。私のその後の人生を決める出会いであったにもかかわらず、葛藤もドラマもないこの偶然は、大変幸運な出会いとなったのです。

櫻公路一顱先生

## 道場開き

櫻公路先生が長年なじんでいた深川を離れ、赤羽に道場を開いたのは昭和三七年のことだそうです。

昭和二十九年生まれの私がまだ小学生だったころ、日曜日に外で遊んでいると、救急車がサイレンをならして小学校に入っていくので、なんだろうと思ってついていってみると、体育館で空手の試合をやっていて、怪我をした選手が運ばれていくところでした。

その会場で、立派なひげをたくわえた紳士が審判席に座っているのを見ましたが、それが、私の師匠、櫻公路一顧先生だったのです。

道場は、今は新幹線の線路が通っていて残念ながら残っていませんが、その道場開きには、太気拳の澤井健一先生、甲賀流忍術の藤田西湖先生のほか、中国拳法、柔術、居合の高名な先生方など、そうそうたる顔ぶれが集まったということです。

そのときのエピソードを、のちに、澤井健一先生から伺ったことがあります。

名のある先生方が列席してくださる中、とある先生（お名前は伏す）が自慢話を延々と始めてしまい、自分がいかに強いか、腕前があるかということを、滔々と語って一向に終わる様子がなかったそうです。

ご一同が、仕方なくじっと聞いていたなかで、澤井先生はやおら立ち上がり、「口ばかりでなく、外へ出て勝負しろ。アンタは、刀でもヤリでも、どれでも好きな武器を取れ。わしは素手でやる」と言い出して満座は騒然（道場の壁には、いろいろな武器があるのがわかりますでしょうか）。

櫻公路先生ほか、みなさんでそれをなだめるのに一苦労だったのではないかと想像できますが、人の道場開きというお祝いの席上で立ち合いを求めるとは、さすがは一筋縄ではいかない武道の師範達だけのことではあります。

そんな波乱含みの中、中国拳法、空手、居合を教える道場として「大日本講武会」は赤羽の地で新しい歩みを始めたのでした。

## 嫡流真伝中国正派拳法

私が友人と入門した昭和四五年当時は、中国拳法のクラスは少し前に入った人がふたりいて、それも来たり来なかったり、という有様で、ほぼ開店休業状態でした。

あとで聞いた話によると、拳法部の稽古が厳しすぎて、入門しても誰も続かないために人がほとんどいなくなってしまったのだ、ということでした。昔、先生は、三～四ヶ月の間は、ただただ腕立てと腹筋と柔軟だけやらせていたそうです。

武道の稽古が厳しいのは仕方がないにしても、人が居着かないほど厳しいというのは考え直した方が・・・と夫人（テル子先生。ご自身は居合道をたしなみ、当時、女子で唯一の六段保持者）に諭されて、櫻公路先生はそれもそうかな、ということになったそうで、私が入門したのは、続かないほど厳しいというような稽古ではなくなってからのことです。

それでも、基本重視は相変わらずで、練習内容が地味すぎたのか、いっしょに入った友達は、あっさりと数週間でやめてしまいました。

まあ、私は、先に友達にやめられてしまったからといって、〝金魚の糞〞かなにかのように一

苦手だった前蹴りを、磨きをかけた足刀でカバーした若き日の筆者

緒にやめるというのも男としてどうかと思いました。

厳しいからやめた、では、何事においても目標を達成できないんじゃないか、とか、ここを乗り越えないといけないんじゃないかとか、けっこうまじめに考えて、やめるのは簡単だけど、ここはがんばろう、という結論に達し、続けていました。

櫻公路先生の中国拳法は、正式には「嫡流真伝中国正派拳法」といいますが、道場には、「和唐流」という額が掲げられていました。先生は、ご自身が習得した居合術や空手、中国拳法を総合して、ゆくゆくは「和唐流」という流派を作ろうというお考えだったようです。

道場で行われていたのは、次のような稽古です。

まず、「易筋経《えっきんきょう》」を行います。

これは、呼吸と一緒に行う静的な筋力トレーニングのようなものです。呼吸を吐くときに力を全力で入れて、吸うときには力を抜きます。入力と脱力の繰り返しを、
一つの形（形は十二種類、うち三種類は左右があるので、全部で十五の形）について最低六回繰り返します。都合九十回の入力・脱力を繰り返すと、三十分以上は優にかかります。

この「易筋経」を毎日行うことによって、拳で打たれても耐えられる体が養われていくのです（注・㈱クエストより当会が協力したＤＶＤ「易筋経」をリリースして頂いております）。

じっと立ったまま拳を握ったり、横に手を広げているだけに見えるので、はたから見るといかにも楽な稽古に見えるのですが、実際にやってみると、かなりハードな稽古です。

後年、暴走族の連中がまとまって入門してきたときに、「易筋経」をやらせたところ、一人を除いてみんな二度と来なかった、ということもありました。

次に「独脚《どっきゃく》」という、蹴り足の訓練を行い、続いて腹筋・背筋・腕立て伏せなどを独特の形で行います。

それから、櫻公路先生が中国拳法の攻防原理を一本組手の形にしてまとめた「使用法《しようほう》」という、

大日本講武会ならではの技術体系を、八級から一級まで、段階的に学びます。

これは組手につなげていくための大切な稽古で、相手の攻撃に対し、後の先をとって自分の攻撃を完遂する訓練を、様々なパターンで練習することができるのです。

以上の稽古は、現在の躾道会でも全く変えずに行っています。


道場の稽古は火・木・土の週三日、午後六時三十分から八時までが拳法部、そのあとすぐに八時から九時三十分までが空手部、そして日曜日には居合の稽古がありました。

入門してからというもの、私が一日もさぼらずに稽古に通ってくるので、そのうちに先生は
「カギ、いつもここにしまっておくから、早い時間に来て練習して良いからな。」

とおっしゃって、カギの隠し場所を私に教えてくださいました。今から思えばのどかな時代です。

それからは、稽古が始まる時間の前でも道場に行ってひとりで練習するようになりました。

自分でカギを開けて中に入ると、留守番をしているのは先生の愛犬「くま吉」でした。くま吉は、カラフト犬で、南極で犬ぞりを引っ張ったりするようなタフな犬種です。体重は、四、五十キロくらいはあったのではないでしょうか。利口な犬で、番犬としては申し分ありません。

私は誰もいない道場で、柔軟から腹筋、腕立て伏せをやり、基本の突き蹴りを練習して、さら

にサンドバッグをたたくと、ようやく稽古の時間がきて、拳法部の練習が始まります。そして、さきほど紹介したような練習をやっていきます。易筋経や独脚はひとりでもできる稽古ですが、使用法だけは相手が必要です。道場に行かないとできない稽古というのもあるのです。

## 空手部と組手

さて、拳法部の稽古が終わる頃になると、空手部の先輩達が集まってきます。すると先生は、空手の先輩達に、拳法部の私達の組手の相手をするように言います。そして、そういう練習の間には、中段に突きをもらって悶絶する、という経験もしました。

私は拳法部の練習が終わってもそのまま残って、空手部の稽古にも参加していました。

拳法部は人数が少なく、組手の練習が十分出来なかったので、空手部の先輩達と組手の練習をさせてもらうためでした。

中国拳法と、空手が組手を行う。そういうことを日常的にやっていたのが、当時の大日本講武会でした。

空手の先輩達の胸を借りて、使用法を実際に使って試してみるという練習を重ねられたことは、非常に勉強になりました。

今は空手もワンツーや、フットワークを使った攻撃など、攻撃が多彩になりましたが、当時は、突きでも蹴りでも、一本きり、というやり方が主流でした。

その渾身の一撃を、相手が攻撃を出すと同時に斜め前方に移動し、後の先を取って攻撃する。初歩の段階から、このようないわば高等テクニックを練習するのが、櫻公路先生の嫡流真伝中国正派拳法でした。

空手部の人たちは社会人がほとんどで、仕事が終わってから道場にやってきます。言うなれば、先輩達は一日の仕事に疲れた身体を引きずって、稽古に来ているわけです。それに比べて、こちら十代で体力が有り余っている上に、ウオーミングアップも万全で、稽古が楽しくてしかたありませんでした。

正直、負ける気がしないな！　などと、うぬぼれた気持ちになっていた時期でした。

## 時計事件

実は、私が一生懸命拳法の稽古をするきっかけになった事件がありました。

入門したばかりの頃です。

拳法部には当時先輩がふたりくらいしかいなかったという事情は先にお話しましたが、そのおふたりも、先輩というのも気の毒なくらい、私より少し早く入門したというぐらいの人でした。

それに比べて、空手部のほうはというと、すでに強い先輩方がたくさんいて、人数でも経験年数でも、圧倒的に優位に立っていました。

そんなある日、私たち拳法部が道場で稽古をしていると、空手部の先輩がひとり、早々と道場にやってきました。

私が時計を見ました。先輩も時計を見ました。空手部が始まる八時までには、まだ間がありました。

するとその先輩が、時計の長針をぐぐっ！　と先へ進めてしまいました。

「時間だ！　空手の稽古を始めるぞ。」

私たちは、しかたなく黙って場所を譲りましたが、そのときは、本当に悔しい思いをしました。ああ、強くないとバカにされるんだな、と思ったのです。

私はそのときに、「空手に負けるものか！」という気持ちがわいてきました。

ところが、この事件のすぐあとに、二人いた先輩も、いやになってしまったものか、つぎつぎにやめてしまい、とうとう拳法部は私ひとりになってしまいました。

気がついたら、先生とマン・ツー・マンのプライベートレッスン、という、贅沢な状況になっていた、というわけです。

高校生だった私は、授業が終わればすぐ学校から帰り、休憩もそこそこに道場へ向かいました。三時か四時にはもう道場にいて、稽古が始まる前に腹筋、背筋、腕立て伏せ。身体が硬かったので柔軟にもたっぷり時間をかけ、サンドバックを使って突き蹴りの練習をし、一人でできることはすべてやりました。

稽古が始まる六時三十分からは、型や使用法、組手などの対人練習をやりました。

前に書いたとおり、組手は空手部の先輩達の胸を借り、オナカに正拳突きや蹴りをくらって、「グウ……」となったりしながらも地道にがんばりました。

櫻公路先生からは、

「受けるだけの時間的余裕と技術が有れば、相手に攻撃を加えなさい」といつも言われ続けました。受け即攻撃のカウンター狙いです。

そして、入門から半年後のことです。

私は空手部の当時の師範代だった先輩と組手をすることになりました。この人こそ、時計の針を進めてしまった人でした。

私は、空手の先輩に、勝てないまでも、負けないためにはどうしたらよいか、を徹底的に考えました。

当時の空手の人たちは、攻撃は一発のみ、という考え方を取っていました。今でこそ、ワンツーやフットワークを使った多彩な攻撃が当たり前になっていますが、当時は、試合でも、有効な突きが一本入ったあとに、うっかり二本目を出してしまうと、先の一本が無効にされていたほど、攻撃は一撃のみ、という考え方でした。

そこで、そういうルールでやっているなら、単発の攻撃には慣れていても、二発目が来たら対応できないのではないか、と考え、その通りにやってみることにしました。

そして、そのときの組手は、先輩とほぼ互角の勝負となりました。

私は、組手が終わってから、

「先輩とやるの、何回目でしたっけ？」と、とぼけて聞いてみたのです。

するると、先輩は、「初めてだろ！　やんなっちゃうよ……」と苦笑いしていました。まあ、入門して半年ほどの少年に目くじらを立てて組手の相手を仕様と思っていなかったからでしょうから……。

そして、あとでそのときの組手の様子を先輩から聞いた櫻公路先生が、「あっぱれだ」と一言おっしゃってくださったことを、今でも忘れません。先輩も、うなづいてくださいました。

## 先輩に厳しく見守られて

入門して半年で、空手の師範代の先輩と、どうにか五分の組手をできたことは、私にとって大きな自信にもなりました。悔しい思いもしたけれども、それをバネとして、がんばって練習することができたし、師範代の先輩も、それ以来私のことを認めてくださっているのを感じました。大日本講武会には、先輩だからといって空威張りする人はいませんでした。先輩後輩の礼儀は守っていましたが、後輩でも、実力を示せば、先輩は認めてくれました。

親しみはあるけれども馴れ合わないといいますか、ピリッとした雰囲気があり、同時にすがすがしい風が吹いているA道場でした。

あるとき、私の幼なじみで同級生のT君が、飲み会の席で酔っぱらってしまい、空手部の先輩達もいる中で「空手なんて、あんなのは弱くてダメだ」と言い出しました。横で聞いていて、こっちが青ざめるほどの暴言です。そのとき、彼はべろべろに酔っぱらっていて、みんなが帰るときにも寝ていました。「そんなやつは、叩き起こして、帰せ！」という先輩もいれば、「そのまま寝かせてやれ」という先輩もいました。

私は、翌日T君に電話をしました。

「夕べ、空手の先輩たちの前であんな事言っちゃってたけど、大丈夫なの？」と聞くと、

「え？　オレがそんなことを言った？」

本人は全く酔っぱらっていて、自分の言動を一切覚えていませんでした。

次の稽古の日、T君は相当の覚悟をして道場にやってきました。

組手でT君の相手をしたのはY先輩でした。Y先輩は、T君の両足を取って逆さまに持ち上げ、脳天を軽く床にたたきつけました。T君は、そのまま失神してしまいました。

これが、あのときの一言の報いか……と思うと、気の毒やらおかしいやら。

T君の話では、それから三ヶ月くらいは、組手で先輩達の当たりのきついことといったらなかったそうです。それでも、自分でまいたタネだから、しょうがないので、じっと耐えて、ひたすら我慢だった、と言います。

「それにしても、自分が覚えていなかった酔っぱらったときの出来事を、前もって教えてもらっておいてよかった」と感謝されました。

「もしそうじゃなかったら、なんでそんなに先輩に厳しくされるのか、理解できなかったと思う」と。

後輩のちょっと生意気な行動も、稽古の中で実力を見せつけて、自ずと謙虚にさせる、すごい先輩達に恵まれていました。

## 北区空手道連盟

大日本講武会では拳法部より空手部が充実していたのですが、それは、櫻公路先生が社会体育として空手を重視していたからで、北区空手道連盟の設立にも尽力し、初代の理事長をつとめられました。

北区空手道連盟主催の試合には、大日本講武会から毎年、空手部はもちろん、我々拳法部も参加しました。

一九七〇年当時はまだ、中国拳法の試合というものはありませんでした。

われわれ拳法部の弟子達は、先生から「中国拳法は殺人の技術だ」と常に教えられていました。つまり、「拳」は「剣」だと思えと。であれば、実際には人に向けて使うことができませんよね。

今でこそ、防具の発達、ルールによる工夫により、中国拳法でもいろいろな試合が試みられていますが、急所のみを攻撃するといってもいい中国拳法の技では、ふつうには試合が成立しないと思われていたのです。

大日本講武会で練習する「使用法」でも、攻撃の的にするのは、人体の急所ばかりで、もちろんいずれも空手の試合では反則になっているような技ばかりです。

東京都の空手の大会に出場するためには、全空連の初段の審査を受けて、初段の免状をいただいた上で参加しなければなりませんでした。なので、私も空手の型も一通り勉強し、黒帯をいただきました。このようにして、拳法部の我々も、北区や東京都の空手の試合に出場させてもらうことができました。

当時、中国拳法独自の試合の大会がなかった時代にもかかわらず、試合経験を積むことが出来たのは、櫻公路先生のおかげです。先生が、中国拳法の弟子を空手の試合に出すという環境を作ってくださったことに、大変感謝しています。

余談ですが、一九六〇年代初め、「キックボクシングのプロを作るから、先生の道場から選手をだしませんか」という誘いが櫻公路先生のところに来たことがあったそうで、このとき、先生はかなり心を動かされたらしいのです。しかし、北区の空手道連盟から、「道場からプロの選手を出したら、アマチュアの大会には参加できなくなりますよ」と言われて断念した、ということがありました。それほどに、先生は、ご自分がゼロから作った連盟を大切にしていたのだろうと思います。

毎年、開催された空手道選手権大会のプログラム

## 「使用法」は使える！

さて、大日本講武会の中でも空手部の人たちは、もちろん優勝を狙って、大会に臨むのですが、一方拳法部は、中国拳法の試合がないから仕方なく空手の大会に間借りして出てきているようなものなので、試合に参加する目的が少し違いました。

大日本講武会拳法部では、易筋経と型の稽古で身体を造り、「使用法」という稽古で組手の技術を磨く、というシステムがありました。

前述したとおり「使用法」というのは、一本組手のバリエーションの集合体で、突きや蹴りに対し、後の先をとって自分の攻撃を完遂する、という練習です。後の先をとるためには、体さばきをして自分の中心を相手の打突からはずすことが重要です。

このような稽古を続けていたことは、試合で大いに役立ちました。

「使用法」には二つの特徴があります。それは、「下がらない」と「相手の攻撃を受けると同時に攻撃する」ということです。

「使用法」の稽古では、相手の正面に立ち、相手の攻撃の瞬間を読んで（見切って）斜め四十五度の方向に踏み込んで、相手の打突をはずします。体さばきとしては、踏み込んで打突をかわすのと、一歩下がって体を開いて打突を通過させるのと二通り可能性がありますが、「使用法」では、前に出ていく体さばきしかありません。

そして、相手の攻撃の起こりを見て、後から出す自分の打突を相手より速く、最悪でも同時に相手に打ち込む、という作りになっているのです。

試合に出ると、大日本講武会の技術がすごいということがわかりました。

## 「反則王」と呼ばれて……

当時、私が試合の時に考えていたのは、空手の人の重く素早い突き蹴りに対して、いかに自分の練習している技を出すか、ということで、勝ち負けにはそれほどこだわっていませんでした。

全空連の試合は、寸止めで行われるので、もし間違って当ててしまったら、反則負けになってしまいます。

「寸止めルール」というのがいかなるものか、一九七〇年十月に開催された第一回世界空手道選手権大会のパンフレットより、ルールを引用してみたいと思います。

試合は八メートル四方のコート内で行ない、二人相対して互いに自由に攻撃し、的確な突き、蹴り、打ち等の技をきめる事により勝負を決します。

これらの攻撃は相手に当てることは禁止してありますので、きめ技は定められた目標（顔面及び胴）寸前で伸ばせば十分に届く余裕をもってビシッと止めなければなりません。

従って試合に出場する為には他の武道、スポーツ以上に基本技の習得に汗を流す普段の努力が要求されます。

■反則

突きや蹴りが流れて相手のからだに当たった場合は一本にならないのみならず、自分の責任で当てたと判断された場合は反則になり主審の宣告により負けとなる。」

当時私が対戦した選手達は、突き又は蹴りで一本を取るというスタイルが主流でした。前にも書きましたが、「一撃必殺」という考えから、重い一本の攻撃で決める、というのが重要で、不用意にもう一発重ねて攻撃を出したりすると、せっかくきれいに決まっていた先の一本が取り消されることもあったほど、一本で決める、ということを重視していました。ですから、その一本に合わせて、後の先で技を出すこと。それが出来るか否か。そういうことが関心の的でした。

私たちは道場で空手との組手をやったことがあるので、空手の技には慣れていますが、よその空手の道場の人たちは、おそらく他流（というか他武術）との練習はしてきていないはずですから、なるべくなら当たりたくない、嫌な、やりにくい相手だったろうと思います。

私も入門してからずっと全空連や連合会の試合に出続けましたが、当時は多くても年に三回くらいの出場でした。

大日本講武会の名前は北区では有名で、我々と対戦する組み合わせになったチームがなんともいえないイヤ〜な顔をしたのを覚えています。

試合における大日本講武会拳法部の特徴は、というと、中国拳法由来の「多彩な技」とともに特筆すべきは、「反則負けの多さ」でした。

この「反則」の多さによって有名であり、そこが、イヤな顔される、もっと率直に言えば嫌われる原因となっていたのでしょう。

前に書いたように、寸止めルールの試合なので、攻撃を相手に当ててしまうと反則負けです。それなのに、拳法部の連中は、寸止めの試合に出ているのに、相手に攻撃を当ててしまうのです。そして結局は、反則負けで一回戦か二回戦で敗退するのが常でした。

そのうち、私は「反則王」の異名をとるようになりました。

寸止めにすべき技が「当たって」しまうのは、私の技術の未熟さ故ということもありましょう。

現在は後進の指導に携わる身であり、試合の審判もやっている私ですから、「みなさんは、ルールを守って試合にも人生にも臨んでください」と申し上げておきます（人は立場によって考え方も行動も変わるものです、悪しからず・・・）。

あるとき、試合で、私が一回戦を普通に勝ち上がったことがありました。ところが、そんなときは櫻公路先生のご機嫌が悪い。せっかく勝った私に対して、不満そうなのです。

実際のところ、中国拳法流の戦い方では、相手の出に合わせてカウンター攻撃を仕掛けるために、こちらはぎりぎりで止めているつもりでも、相手が勢いで入ってくる分までは予測できないので、結果として当たってしまうことが多いです。結果、反則負けにはなるけれども、中国拳法を学ぶものが、空手のまねをして勝つとはなにごとか、中国拳法流の戦い方ができないのなら、拳法部が試合に出ていく意味がないと、先生は考えていたのだと思います。

当時の審判の先生方も、良い技を見せれば、相応の理解を示してくれていました。

例えば、Y先輩の上段蹴りが相手に当たったとき、本当だったらすぐに反則を取られるところですが、当時は全空連の試合で上段蹴りをする人は少なかったからでしょうか、あまりの技の見事さに旗をあげてくれたり、K先輩が手刀で相手の首を打ったのが当て止めになってしまったときは、審判が実力を評価して、「当たってなかったら、完全に一本だったよ。」とK先輩の技を賞賛してくれたりしたこともありました。

こういう理解のある審判にも恵まれて、我々大日本講武会は北区の大会にその特異な存在感を示し続け、東京都でも「北区の空手は異質」という評判を取るようになっていきました。

## 救急車のくる寸止め試合

寸止めの試合というと、直接打撃制ルールの試合より軽く見る人がいますが、それは大きな間違いだと思います。寸止めの試合でも救急車の出動となることもありました。

小学校に救急車が来たときが私と櫻公路先生との最初の出会いだったと、前に書きましたが、そのとき私は「あのとき、審判があの技を先に取っていればなあ……と選手が言うのを聞いていました。そのときはなんのことかよくわかりませんでしたが、今思えば、先に出した技が不十分であるとして取ってもらえなかったので、もう少し踏み込んでから技を出したために、けがをさせてしまった、ということだったようです。

「一撃必殺」の時代だった当時の空手には、ポイントを稼ぐための攻撃というものはありませんでした。実際に技は入っていても、それが軽いと、一本にならず技ありになってしまいます。ポイントを稼いで勝つという考えもポピュラーではなく、そのため、一本を狙う一つ一つの攻撃が、実に重く、鋭い突き蹴りが来たもので、試合に出てそういう突き蹴りを身を以て体験できたことは、ほんとうに勉強になりました。

我々拳法部が空手の大会に出場する意義は、そういう真剣かつ強力な突き蹴りに対して、いかに自分が普段練習している技を使うか、それを検証する貴重な場だったのです。

優勝を狙う空手部に対して、拳法部は自分の技が通じるか、という観点で試合に臨み、反則負けを喫し続けながらも、個人的には大きな成果を得て試合を終える、というのが大日本講武会拳法部でしたが、もしももっと人数が多かったら、空手部からなる優勝もねらえるチームと、拳法部からなる、中国拳法の理合いで戦えるチームの二チームを出したい、というのが櫻公路先生のお考えでした。

人数が足りなくて実現しませんでしたが、実現していたら、どれだけ面白い大会になったかと思います。

その後も私は三十歳前後まで試合に出ていたので、試合の思い出は尽きないのですが、長くやっていたからこそのエピソードといえば、試合で対戦したことのある相手が、今年は審判をやっていた、なんていうことがありました。こっちもびっくりしましたが、向こうもびっくりしたらしく、「まだやってるんですか?!」とあきれたように言われてしまいました。

## 帰ってきた先輩

時計の針を回されてしまったり、肩身の狭い拳法部でしたが、そこに一つの転機が訪れました。

ある日、いつものように道場で稽古していると、窓から中をのぞき見している人がいました。誰だろうと思っていると、「あっ、今日は先生いねェぞ、やった！」などと言って道場に入ってくるのです。これが、拳法部の大先輩、Y先輩、O先輩、F先輩でした。

この人たちは、本当にすごい先輩たちでした。どのくらいすごいかというと、普通、ズボンのベルト通しに通っているべきはベルトだと思うのですが、Y先輩のベルト通しに通っているのは、「荒縄」でした。それだけみてもタダモノではない（Y先輩は大工さんの息子なので、商売柄、という理由だったのか？？？　それはいまだに謎）。

さて、そのY先輩がどのくらい強い人かというと、とある当時ものすごく強いと評判の空手の道場に「腕試し」に行って、無傷で帰ってきたという伝説の持ち主であるくらいに強い人であります。

「久しぶりに道場に来たんだけど、なに？　お前ら拳法部なの？　そうか、じゃあ、オレたちが教えてやるから。」と言うので、なんだか事情はわからないけれども、とりあえず、私は「押忍《おす》！」と返事をしたのです。

それから、Y先輩は時々先生の留守を見計らっては練習に来てくれるようになりました。私が「おす！」と挨拶をすると、先輩は「こんばんは」と挨拶を返しました。何回かそういうことが続いて、ある時先輩から、「なんでも『おす』じゃ、ダメだぞ。俺達は、空手じゃないんだから、普通のあいさつで行こう。」と言われました。

先輩のいうことは正しいと思いました。それから私は、拳法の先輩には普通にあいさつをし、空手の先輩には「おす」と使い分けるようになりました（結構要領のいいガキだったようです）。

もちろん、いまは空手でも、「おす」というあいさつを必ずしも使わない先生方もいらっしゃいます。こういってはなんですが、一九七〇年当時、空手というとケンカ番長がやるような感じで、イメージが余り良くなく（空手を悪くいうつもりはないのです。当時中国拳法はまるで知られていなかったので、一般の人はイメージすら抱けないようなものだったと思います。もし知られていたら、同じようなイメージ＝不良がやるもの、だったかも知れません。近頃は別の意味で、もっと悪いイメージもにありますが。中国拳法＝オタクっぽいとか。）私が大日本講武会に入門したいと母に話したら、「ああいう道場はヤクザとつきあいがあるからダメ」と言って反対されました。

空手は強さを求める大人のやるもの、また、ケンカに役立つから不良が集まる、とか、まだまだそういうイメージが強かったのです。

それが、いまは、行儀や礼節を学ばせるために、子供に空手を習わせるという親御さんが多いと聞き、時代は変わったと思います。

それは、小・中学校の体育館を借りて地道に指導を続けてこられたボランティア精神に富んだ空手の先生方が、長年にわたって努力してこられ、理解を広めた成果でありましょう。私も一時期、少年少女向けの空手指導のお手伝いをしていたことがありますので、休日返上で試合や審判講習に赴かれる先生方の姿をよく知っております。そういう先生方のご努力には、本当に頭の下がる思いです。

空手の大会後の飲み会で聞いた話ですが、とある師範は奥様から「私を取るか、空手を取るか、どっちかにしてください」と詰め寄られたのだそうで、奥様から最後通牒を渡されたその先生は、家庭を守る方を選んだのだそうです。

その話を私にしてくださった先生方は、「あの先生は偉いよなあ」と、口々に言っていました。

## ケンカの話

さて、話をもどしてY先輩の話を続けましょう。

私には厳しくもありがたいご指導を授けてくださるY先輩でしたが、なぜか櫻公路先生の留守を確かめて稽古に来るのです。

それはなぜかというと、先輩はしょっちゅうあちこちでケンカをするので、櫻公路先生に会うとお小言を食うのがわかりきっているから、できるだけ先生に会うのを避けていたのだそうです。

ケンカの話もいろいろ聞きました。ボクシングの東洋ウエルター級チャンピオンとケンカになって「電光」という技（電光とは人体にある急所の名称のひとつ。嫡流真伝中国正派拳法では技の名前。使用法の八級の技であり、一番最初に教わる技）一発で、相手を倒してしまいました。

ところが、それからすぐに家に帰ればいいのに、先輩は近所でお酒を飲んでいました。そうしたら、先輩を捜していたその男の知り合いのヤクザが、敵討ちとばかりに、先輩の頭を煉瓦で叩き、先輩は気絶してしまったそうです。それでも、そのあとで、相手に「根性がある」と見直されて、まあこの話はこれでおしまい、ということになったそうですが、間が悪ければ死んでいたかも知れません。

だから、ケンカのようなことにまきこまれたら、ぐずぐずその近所にいては大変危険と言うことです。君子は危うきに近寄らず。自分がケンカをしているようではしかたがありませんが、そういうところからは離れているのが賢いのです。

櫻公路先生は、ケンカがお嫌いで、ときどき「どうしてケンカをするか、わかるか？　それは、その人たちが本当は気が小さいからだ。だからケンカをして、〝自分は強い〟といつも証明しないではいられないんだ」とおっしゃっていました。

そしてこうもおっしゃいました。

「君たちには、『強くなって、そのへんのチンピラとケンカをしろ』って言ってるんじゃないんだぞ。一生に一回、あるかないかもわからないが、命を懸けた勝負に勝つために、今稽古をしているんだ」

櫻公路先生からは、ご本人の武勇談も、もちろんいろいろ聞きましたが、その中には、一触即発の事態をいかに切り抜けたかという話も多かったように思います。

たとえば、酔っぱらったお相撲さんにみんなが迷惑しているところ、先生が、そのお相撲さんの鼻に指を突っ込んだ。そうしたら、お相撲さんが大きい図体して泣いて帰っちゃった、とか。

ですが、若いというのはバカなもので、先生のおっしゃることはわかるのですが、とりあえず、「ケンカの強い先輩」というのはかっこいいと思って憧れました。

その上、「電光」という、うちでいうところの八級の技で、ボクシングの東洋ウエルター級チャンピオンが倒せてしまうという事実があるわけですから、「やっぱり、うちの道場は強いのだ」となってしまうわけです。これは一種信仰みたいなものですね。

## あこがれの「先輩の技」

このようなわけで、また先生がいれば叱られるのが先輩達もわかっているので、いつも先生がいないのを見計らっては、稽古にくるのでした。

ちょうどそのころは、先生も忙しく、いない日も多かったので、窓から先輩がそーっと道場をのぞきに来て、先生がいないと、「よーし、オレが稽古つけてやる！」と意気揚々と入って来ました。

Y先輩の稽古は厳しいし、あれこれうるさく注意されるので、正直、イヤだと思うところもなかったといえばウソになります。

「右ばっかり練習しちゃダメだぞ。やりにくくても、左も同じように練習しろ。」とか、ガラが悪いわりには指導はとてもこまやかでした。

驚いたのは、Y先輩が組手の相手をしてくださったときのことです。私が前に出ようとしたそのとき、二起脚で私の「人中」（鼻の下にある急所）にピタリと蹴り足が止まったのです。

練習すれば、ここまでできるようになるのか、と憧れを抱いたのは言うまでもありません。

こういう完璧な見本を見せられたのでは、一生懸命練習せざるを得なくなるというものです。私が幸せだったのは、先輩たちに、稽古に対する厳しさはあったけれども、先輩風を吹かせるとか、後輩をいじめるような陰湿さがみじんもなかったことでしょう。

力のあるものは、年下でも、新参者でも、区別無くきちんと評価してくれる公平さを持っている先輩たちでした。

後にY先輩から、武道を始めたきっかけは、小学校の時にいじめられたからだ、というのを聞いて、それは驚いたものです。

子供の頃は体も小さくおとなしかったために、大人数に囲まれて、校庭で磔状態にされていじめられたというのです。その悔しさが忘れられず、高校ではレスリング、道場で拳法をはじめて、徹底的に自分の体をいじめ抜いたということでした。「自分ほど自分の体をいじめ抜いた人間はたぶんいないと思う」と言っていました。

この先輩からは、弱いところを鍛えて強くしろ、ということを、繰り返し教えられました。櫻公路先生は、これとこれを練習しなさい、という指示はなさいましたが、細かい指導はなさらなかったので、細かいことは先輩から全部教えてもらったと思います。

静かに練習していると、「お通夜じゃねえんだから、気合い入れろ!」と言ってみたり、当時我々は空手着で練習していたのですが、普段着で練習しろ、と言われたこともありました。

そう言う先輩は、いつも例の荒縄のベルトをした普通のズボン姿で練習しているのでしたが、その理屈は、戦うときには道着を着ているとは限らないのだから、動きの制限される普段着で動けてこそ、本物である、というのです。なるほど、と思い、それからは、ときどき私も普段着での練習を取り入れたりもしました。

当時の不良学生は「ボンタン」と呼ばれる幅広のズボンを履いていましたが、これは、ズボンが細いと、蹴りのじゃまになるからということで、まあ、さすが普段からケンカをやりなれている人は、考え方が違うなあ、という感じです。

## 相手と自分は五分と五分

こんな先輩なので、先輩が来るとイヤだったけれど、とても勉強になりました。今ではほんとうに感謝しています。もちろん、当時でも、先輩がいてよかったと思ったこともあります。なにしろ、人にうるさく指導するだけのことはあって、非常に強かった。不思議とY先輩がいるだけで、空手部の人たちの態度が違うのです。なぜならば、空手部の師範代もY先輩の実力に、一目も二目もおいていたのです。

そんなわけで、Y先輩が道場に来ると、空手部と拳法部の力関係は一気に逆転し、拳法部の天下になり、延々と拳法部が稽古をしているので、今度は空手部の稽古を何時になっても始めさせてもらえないのです。かといって、空手部の師範代は文句も言えないという、非常に分かり易い「強い者が勝ち」という構図ができていたのでした。

Y先輩は、「相手と自分は五分と五分。尊大にならず、卑屈にならず」という言葉を教えてくれました。

相手にもしかしたら負けるかも知れない。試合で、恐いのは、相手も同じ。

相手が弱いからと言ってなめてかかったら、大けがをする。かといって、自分の実力を信じないで相手のほうが強いと思いこんでいたら試合をやる前に勝負は決まったも同じ。

相手と自分は五分と五分。

尊大にならず、卑屈にならず。

稽古をして身につけた技が試合に出ればいい。そう思って試合に向かうこと。それが一番大事なこと。自分を過信もしないし、卑下もしないことが大切だということです。

試合に負けたあと、「いやあ、まいったな、いつもの半分も実力がでなかったよ。」と言った選手がいました。するとその選手の先生が「みんな、そうなんだよ」と間髪を入れずに、たしなめていらっしゃいました。誰でも練習のときにできることの半分しか、試合では出せないのだから、練習ではいつも実戦を想定して訓練することが大事だと、その先生はおっしゃっていました。

## 出稽古で百人を相手に

いつでも空手と拳法がいがみ合っていたわけではありません。

外に向かえば、我々はどちらも、北区にその道場ありといわれた大日本講武会の一員ですから。

空手部にO先輩という人がいました。今でこそ立派な人格者で優れた空手の指導者でいらっしゃいますが、若いときの負けん気の強さは相当なものでした。

身体は細いのですが、大変なファイターで、ある大会で、準決勝に敗れてまわった三位決定戦で、対戦相手に上段蹴りを当ててノックアウトしてしまい、反則負けになりました。その後、本人は憤然として、「オレは三位なんか、いらないんだ。」と言った、という逸話があります。気の毒に、相手の人はそのまま救急車で運ばれてしまいました。

そのような恐ろしい先輩と私とで、東京都の大会に出場する北区の代表選手を選考するための合同練習に出かけたことがありました。

帝京大学の体育館を借りて、帝京大学の空手同好会、中央工学校の空手部、成立高校の空手部、北区役所の空手部、また白竜会、研武館、田端の青雲館といった町道場などから、あわせておよそ百人に上る人たちが集まってきていました。選ばれた何名かが、その全員を相手に、組手をしました。

その中から、O先輩はもちろん選手に選ばれ、そして、中国拳法を専門にする私も、このとき北区チームの一員として推薦されたのです。

その都大会では、私は北区の先鋒として出場しました。期待に応えて、例によって中国拳法仕込みの技を繰り出したために、反則負けを喫しました。

負けはしましたが、私の試合を見ていた相手チームの勢いが一気に引いていくのがわかりました。そして、その後チームの他の選手の活躍で北区チームは勝ち上がり、次はベスト8を賭けた戦いになりました。

その試合を戦うメンバーを決める際、監督は、反則ばっかりして負けてしまう私をメンバーから除こうとしました。そこを、青雲館の八田先生が、「お祭りだから、いいじゃないですか！」と口添えしてくださいました。

私はおかげでメンバーに残ることができ、われわれはその試合を勝ち上がり、その後ベスト8まで進むことができました。

このとき一緒に都大会を戦った先輩は、現在空手の団体を主催しており、全国大会で優勝するような優秀なお弟子さんを何人も育てていらっしゃいます。

当時、北区の空手の大会では、組手は個人戦、団体戦、そして型の試合があり、その全種目に出場する人もいました。私は、もっぱら組手の部の個人戦と団体戦にのみ出場していました。なかでも、個人戦は団体戦と違って、私が負けても会のみんなに迷惑がかからないので、普段自分の練習していた技を試してみる良い機会でした。

例によって一回戦で反則負けになってしまいましたが、終わってみれば、結局、そのときの対戦相手が、その後も勝ち進んで優勝をしてしまいました。

大会終了後、その優勝した選手が、私のところにわざわざ挨拶に来てくれました。

「すいません、勝たせてもらってありがとうございました。」と言うのです。

ルールで勝たせてもらっただけで腕前では負けていました、と認めてわざわざ挨拶に来てくれたのです。すばらしい選手ではありませんか。

勝負では、本当の勝ち負けは、選手同士が一番わかっているものなのかもしれません。

## ブルース・リー！

そうこうするうちに、ブルース・リーが現れました。カンフー・ブームです。カンフーってなんだ？　カンフーって、強いのか？

小学生は、ヌンチャクを手作りして（多くの子供は物干しざおを切ってつなげた）アチョーと叫び、跳び蹴りして暴れていました。

中国拳法にスポットライトが当たる日が、やっと来たみたいです。

その証拠に、うちの道場にも、入門者がぞくぞくとやってきました。

師範代になっていた私は、入門希望者が来るたびに、組手の相手をしました。責任ある立場なので、組手で相手をし、きちりと負かしていました。

常々、先生が「遅れを取るな」とおっしゃっていたので、それでいいと思っていましたが、あるとき、先生が苦笑いをしていらっしゃるのを見て、あれっ？　と思いました。それでもまだ自分のしていることに気づいていなかったと思います。

当時の私は、まだ手加減というものを知らなかったようです。全力を出すのが礼儀、という、若さ故の純粋さでした。

今思えば、良かれと思って、営業妨害すれすれのことをやってしまっていたようです。

暴走族の人たちが大勢入門してきたこともありましたが、前述したように「易筋経」がつらかったらしく、派手な蹴りも習えないまま、たった一回きりの練習で、一人を除いてみんなやめてしまいました。

## 稽古はつらいもの？

稽古がつらいのは当たり前のことです。

つらい稽古はできればやりたくないのは、人の常です。時間もかからず、痛くもない、ラクな稽古で強くなれるなら、当然そちらを選ぶべきです。そちらのほうが合理的です。

しかしながら、どうしてうちでは易筋経をやるのかというと、易筋経で作ろうとしているような種類の体の強さは、たぶん易筋経によってしか、作ることは出来ないからです。

違う形でやるならば、違う種類の強さが養われることになります。

身体をつかって何事かをしようとするならば、その訓練において肉体的なつらさが生じることについては、ある程度は我慢しなければなりません。

ただし、それは体や心をただ痛めつけることとは違います。まだ基本も出来ていない技術のない人を、蹴ったり叩いたりしたからといって、いい結果が得られるでしょうか。そんなことをしたら、体は傷つき、心には恐怖心が生まれるだけでしょう。そんないじめみたいなことを「厳しさ」と勘違いしてはいけないと思います。

稽古の厳しさというのは、地道な訓練を休まずに行うことにあるのではないでしょうか。もちろん、拳法の修業をしているのですから、まったく叩かれたり蹴られたりしないで強くなるわけにはいきません。基本的な技術が身に付いたら、それを相手に対して使えるようにしていくために組手を行いますが、当然そういう練習の中では多少痛い思いをするでしょう。

でもそれは、小さい子供が転んで痛い思いをしながら歩くことを覚えるのと変わらないと思います。

空手や拳法の練習においては、二通りのつらさがあると思います。

一つは、組手で叩かれたり、蹴られたりして、痛い思いをすることもある、という種類のつらさです。

私の修業時代には、ありがたいことにY先輩という名手がいました。

先輩は、蹴り技で、相手の顔にぴたりと触れるだけで止めることができるだけの技術を持っていました。新入りだった私は、そういう先輩に育てられました。先輩に圧倒的な技術があるので、力のない者が痛めつけられるような組手にはならないのです。

どの世界でも強者は尊敬される、という、単純な世界ではありますが、弱肉強食の世界であってはいけません。強い者は弱い者を育てる気持ちを持っていなければならないのです。そういう心がないと、道場がただの弱い者イジメの場に落ちてしまいます。

強い者は、怖がられるのではなくて、尊敬されなくてはいけないと私は思いますが、いかがでしょうか。

もうひとつは、同じ事を繰り返し練習する単調に耐えなければならないつらさです。これは拳法に限らず、何かの技術を習得するときには、誰でもが耐えなければならないことです。

繰り返し練習して、その動きを身につけるということ。意識せずとも、自然に出てくるようになるまで、体にたたき込むことです。

## 反復練習の意味

昔々、とある武道の達人に入門した人がいました。先生はその人に一日中ふいごで火をおこすことだけをやらせました。ふいごというのは、風を送る機械で、取っ手を引いては押し、引いては押し、その繰り返しで火に空気を送るのです。

そんな日が何ヶ月、何年も続きました。ある時、突然先生がその人に試合をさせました。その人は、いままで何も教わらず、毎日毎日ふいごを動かしてきただけです。すると、相手の攻撃が来ると思ったそのとき、その人は、ふいごを動かしていたのと同じ動きで、引いた腕を前に押し出したところ、見事に相手を倒したということです。

それにしても、一日ふいごを動かすことだけを黙々とやれたこの人は、ほんとうに先生を信じていたからできたのか、よっぽど鈍いのか、どちらかだと思います。同じことの繰り返しというのは、あんがいつらいものです。

ですが、これは、練習の意味を理解してやることと、自覚的にやることで耐えていけるようになります。十回とか、百回とか、同じ事の繰り返しのように見えながら、本当に同じようにやることは、ものすごく難しいはずです。

厳密に言えば、完全に同じ事は二度とはできないし、完璧にできるということもあり得ないのです。こっちができればあっちがおろそかになり、できたとおもえば次にはすこしはずれてしまったり。飽きるヒマがありません。

ですから、そんな集中度でやっていれば、百回なんてあっという間です。

概して、強い団体は、練習量が多いのです。たくさん練習すれば、あんまり練習しない人よりは強くなることができるのは、当たり前のことです。

戦闘理論を覚えたところで（もちろん、無駄ではありませんよ）反応速度が遅ければ、相手の攻撃をもらってしまいます。

理論を実践に生かすためには、体を鍛えて感覚をとぎすますことが、どうしても必要です。

「Don't think Feel!」です。

技術体系によって、体の作り方もいろいろあると思います。それぞれに必要とされる能力がちがうからです。

私たちの道場では、「易筋経」という運動で体を作ります。簡単に言うと、息を吐きながら体に力を入れ、息を吸うときに脱力する、ひたすらその繰り返しです。これによってどのような体に変わっていくかというと、「易筋経」を練習するにつれ、力を抜くことを覚えられるようになります。

初心者にとっては力を入れることよりも抜くことのほうがずっと難しいので、易筋経でやるように、まず、全身にイヤというほど力を入れるということをやると、その次の瞬間には自然に力を抜かざるを得なくなり、たいへん都合がいいのです。

「使用法」というのが、無構えの自然体で立つことを基本としているので、力を抜いて立つことができるようになるということがまず必要なのです。

易筋経の効用はそれだけではありません。おなかに力を入れて息を吐いていくので、万一、体に打突を受けたとき、瞬時にグッと力を入れて体を締め、打撃に耐えることのできる体に内側から呼吸で鍛えていくのです。「易筋」とは、「体を変化させる」という意味なのだそうです。

試合などで緊張すると、どうしても体が硬くなりますから、強制的に緊張とリラックスを繰り返して、いつでもリラックスできる体を作る練習ともいえると思います。

ちなみに、大日本講武会での体作りには、もっぱら易筋経、腹筋、腕立て伏せなどの自重によるトレーニングをやっていましたが、私が一時期バーベルを持ち上げるような筋トレを始めたことがありました。それに対して、櫻公路先生は、そういうトレーニングは内臓を圧迫するから良くない、という意見でした。

私は先生のおっしゃることが全て、という態度だったので、先生が辞めろとおっしゃるならということで、それ以来、器具を使った筋トレの類は一切やっていません。思うに、体は、バランスが大事で、どこか一部の筋肉を肥大させるとそのバランスが崩れて、かえって体に故障を抱える危険があるのではないかと思います。

高い負荷をかけて短時間で筋肉を肥大させるのは中国拳法的発想ではないのです。思うに、現代の流れは、呼吸の大切さやバランス重視になってきているのではないかと思います。

櫻公路先生の考え出した「使用法」は、自然体で自分の体の正面を相手にさらして待つ姿勢から始まります。攻撃側は、前屈立ちで攻撃の意志を表した形をとっているのに、自分は構えもせず、半身にもならず、真っ正面に立っているだけなのです。なにもしてはいけません。初心者ですと、自然体で立っているつもりでも、無意識に拳を握っていたりしますが、それも許されません。

「無構え」というのは、一見無防備のようですが、反面、次の瞬間にあらゆる攻撃の体勢に移れるという大きな利点があります。それには、全身が完全にリラックスしていることが条件です。試合の時など、誰でも緊張して体が硬くなり、血流が悪くなり、視野狭窄をおこしてまわりが見えにくくなるものです。そういうときの極意として、櫻公路先生は「相手に命を捧げなさい」とおっしゃいました。

大げさなようですが、「使用法」の練習で無構えで立つときに、少しずつ相手に命を捧げる練習を積み重ねているのです。

# コラム❶　使用法のすすめ

「使用法」で学べることのひとつは、直線の攻撃に対して、自分がどのように動けばいいのか、という方法論である。

たとえば、「泳げない人をプールに放り込んで泳げるようにする」という方法論を支持する人は今どき少なくなっただろうが、何もわからないまま闇雲に体を動かし続けることの中から合理的な体の使い方をつかもう、というやり方は確かにあって、昔からそうやって泳げるようになった人はいたのである。

ところで、〝泳げる〟ということと、〝競泳で通用するような泳ぎができる〟いうのは、細かく言うと違うことなので、もし競泳をやりたいと思うのなら、はじめから「基本泳法で泳げる」ようになる方法で始めるのがベストの選択である。

組手で通用するような動きを初手から学ぶには、嫡流真伝中国正派拳法「使用法」が最善、最短の道である。

なぜなら。

武術の稽古の神髄は、

〝本能のままに〟攻撃・防御をすること・・・ではなくて、

〝本能を超えて〟洗練された攻防のコツを学ぶことであるからである。


まだなんの技術も身についていない段階で、組手をやりなさい、というのは「泳げない人をプールに放り込む」方法と同じようなこと。

それは指導者不要の方法論ではないだろうか。


そのようなやり方でも達者に泳げるようになる人がいる一方で、水に対する「恐怖心」だけが深く刻まれて、二度と水には近寄りたくないと思ってしまう人も作ってしまう。


恐怖心。

それを克服していく技術が武術なのだが、では、生まれつき恐怖心のない人、薄い人が優れた武術家になれるのだろうか。

恐怖心は本能である。

櫻公路先生は、「相手に命を捧げなさい」と言い、また、澤井先生は、「腕の一本や二本、目玉のひとつやふたつ・・・」相手にくれてやるつもりでやれ、と叱咤なさった。

いえいえ、先生、命はひとつしかないし、手足も目玉もふたつしかないですし。

澤井先生、櫻公路先生は、戦争中には中国大陸にいて実際に命のやりとりを経験してきた方々である。

そもそもの前提が違うといえばそれまでなのだが。

我々に恐怖心あればこそ、技術を学び身につけ、体が動くように訓練し、光よりも速い意識を研ぎ澄まそうと稽古するのではないか。

ありがたいことに平和な時代に生きているものの、恐怖心とは縁が切れない我々が、どのような形で、土壇場で通用する不動心を養成していけるのか。

命のやりとりとは比べるべくもないけれども、試合や道場組手の場に身をおいてみて、自分が本当に恐怖していることはなにか、わかることがある。

本能を否定することはできないし、消し去ることはできない。
生き物が生きるために必要だから備わった能力が本能だから。
本能である「恐怖心」をどう克服するのか。
人はどうしていいか対処法がわからないものに恐怖を感じるという。
ということは、対処法を知れば、恐怖の対象そのものが消滅するということだ。

立ちすくんでいないで、対処法を講じるのだ。

ある人は、怖いものからは距離を取ることを選ぶかもしれない。
それは賢く、現実的な方法だ。逃げるが勝ち。

もっと積極的に対応したいと考えるならば、「使用法」の考え方は有効な方法である。
それは、
〝相手に一歩近づくが、正面を外す〟

ということである。

組手で生じる「恐怖」といえば、実はつきつめれば、
「相手の攻撃をもらうのがいやだ」
「痛い思いをしたくない」
の二つに尽きるのではないだろうか？

だとしたら、それぞれ
「相手の攻撃が当たらない場所を見極める能力（間合いの感覚）」と、
「相手の攻撃を真正面で受け止めない能力（体さばき）」を得ることによって対処は可能だ。

このふたつを身につければ、いやな思い、痛い思いをする確率が格段に減る。

「使用法」は、
・自分の攻撃は当たるが相手の攻撃を１００パーセントでもらわない位置とタイミングで自分の攻撃を

出す。（一歩前に出ることによって相手の間合いをつぶす、すると、相手の攻撃の威力は減少ずる。）

・相手の攻撃を出させない位置から、自分の攻撃を出す。（直線の攻撃に対して、斜めの位置を取ることによって切っ先をかわしつつ、自分は有効な間合いから攻撃をする。）

・・・というパターンでできている。

## 指一本の必殺技　ヘーシンクも一発で倒す男

櫻公路一顱先生は、水戸の生まれで、幼少の頃から居合道を修め、第二次大戦中は中国に渡り、軍の特務機関に関わる仕事をしていたと聞いています。おそらく中国拳法を修業したのはその頃のことでしょう（のちに、太極拳は王樹金先生から）。

戦後、深川で武道を教え、のちに赤羽に道場を開いて中国拳法と空手、居合道を教えていました。

櫻公路先生からいただいた、スポーツ紙の記事があります。

私の手元にあるのは切り抜きのコピーで、年月が定かでないですが、見出しに「ヘーシンクも一発で倒す」とあるので、東京オリンピックの後のものであることに間違いありません。

若い読者のために記しておきますけれども、昭和三九年（一九六四年）に開かれた東京オリンピックでの柔道・無差別級決勝で、オランダ人のアントン・ヘーシンク選手が日本の神永選手を

指一本の殺人技

ヘーシンクも一発で倒す少林寺拳法

秘密のベールをはぐと

きょうの特集 第2特集

耳の後ろを突く！

押え込みもはずれる

絶対に失敗はない

必殺の極意！

米国プロレス 縦横談

拳法の歴史

「ヘーシンクも一発で倒す」櫻小路先生のインタビュー記事

下し、金メダルを取ったのです。柔道は日本のお家芸。日本で開催されたオリンピックで、金メダルを逃したことは、大変ショックな出来事でした。

さて、新聞記事によると、

「少林寺で代表される中国拳法。それは『指一本で人間が殺せる』という恐るべき秘法である。これを体得している者は日本でも数少ないと言われている。そのひとり、櫻公路一顱（さくらこうじ・かずたか）氏を大日本講武会道場にたずねて、この神秘的な殺人技のベールをはがしてもらった。」と、書いてあります。

そこには、弟子を相手に櫻公路先生が技を掛けている写真があり、そのすぐ上に、

「指一本の必殺技　ヘーシンクも一発で倒す少林寺拳法」という大見出しです。「少林寺拳法」というのは記者のミスでしょう。「少林拳」とあるべきところを、うっかり少林寺拳法としてしまっています。

いまでこそ、少林寺拳法と中国拳法である少林拳は別物、という理解が広まったものの、当時は、まだブルース・リーの映画が存在しなかった頃のこと。「少林拳」を知っている日本人は少なく、「少林」といったら「少林寺拳法」。そんな時代だったのです。

――「〝素手で人を殺す方法〟これが拳法です。空手は拳法のごく一部。拳法の中には日本でいう剣、短剣、槍、長刀（なぎなた）、棒、杖（ステッキ）なども含まれています。だから空手とは比較にならない多種多様な殺人ワザがあるといえますね〟と櫻公路氏はいう。

なにしろ拳法に失敗はない。相手と対したときは必ずカタワにするか、殺すかのどちらかだというからすさまじい。「相手の動きがスローモーションに見えたとき、絶対に倒せる自信がある」と断言する。

さて、拳法の〝核爆弾〟ともいうべき手の型だが、相手への打撃は太い拳よりも細い拳の法が遙かに強烈だ。相手の体内をえぐるように突く。したがって、〝指一本〟でも〝足先〟でも人間は死ぬ。

たとえば「全部を公にできないが、独古（どっこ＝耳のうしろ）を頭の中心に向けてさし込めば命はあぶない」という。首から下の部分では、からだの中心部の方向に差し込むのが必殺の極意。簡にして要を得た〝殺しワザ〟である。「東京オリンピックの柔道で神永がヘーシンク（オランダ）に押さえ込まれて身動きできなかった。あんなときでも独古をさせば、すぐはずれたはず」と櫻公路氏はいう。——（以上、記事より引用）

お祭りの日（ルスカ氏との勝負）
さて、スポーツ紙に「ヘーシングも一発で・・」などと載ったことも忘れかけたある春の日のことです。
大日本講武会の道場がある赤羽には、毎年春にエイプリルフールにひっかけた「馬鹿まつり」という名前の、駅前の商店街をあげてのお祭りがありました。
（余談ながら、東宝映画の「駅前シリーズ」の舞台としても取り上げられたことがあり、今も、「大赤羽祭り」として四月に行われていて、時期になると駅前商店街はオリジナルソング『馬鹿踊り』や、最近はロックにアレンジした『馬鹿ロック』が流れて盛り上がります。これを聞くと、いっきに時代が昭和に戻る気にさせられる！）

そんな、にぎやかなお祭りの日。

われわれ大日本講武会も、お祭りの出し物として、駅前で演武を行うことになっていました。

お祭りといえばお酒がつきものです。

われらが櫻公路先生はお酒が大好きだから、お祭りともなれば、さっそく飲み始めていてもおかしくないのに、今日ばかりは一滴も召し上がっていない様子。

さて、めずらしいな、と思っていると、先生は、

「今日は客人があるから・・・。」

とおっしゃって、お祭りには同行なさいませんでした。

夕方、演武を終えて我々が道場に帰ってみると、そこには先生と一緒に、大柄な西洋人がニコニコして座っていました。

この人が、ウイリアム・ルスカ氏でした。

ウイリアム・ルスカ氏といえば、アントン・ヘーシンクと同じオランダ出身の柔道家です。

そのルスカさんが、なぜ、いま、ここに？

## 日本人の腹

そこで思い出されたのが、例の新聞記事でした。

道場にやってきた柔道家は、ヘーシンクを指一本で倒すという、そのような大言壮語をする日本人に興味を持ったか、やっつけてやろうと思ったか、純粋に武道的な関心からか、その日、赤羽まで櫻公路先生を訪ねてやってきたのでしょう。

櫻公路先生は、当然のように、オランダがよこした刺客、というと大げさですが、オランダ柔道界の差し金だろうと思っていたようです。

余談ですが、先生は、戦争中、軍事探偵（いわゆるスパイ）だったそうです。あるとき先生の机の上に、差出人が「小日向白郎」と記してあるハガキが置いてあったりしました。

小日向白郎といえば、『馬賊戦記』の主人公です。私は小説を読んでいたので、これは本当にご本人からのなのか？　どうなのか？　大変興味をそそられました。

それで先生に聞いてみたら、櫻公路先生は、第二次世界大戦中、日本軍の諜報機関にいたようなことをポロッと話してくださったこともあります。実際どこでどのようなことをなさっていたかは語らなかったので謎です。

有名な小説家がしょっちゅう先生をお酒に誘い、戦争中のことを話してもらって小説にしようと思っていたようですが、先生は絶対にそう言う話には乗らなかったそうです。

そんな先生曰く、諜報活動には表と裏があって、じつは表の諜報活動というのは、新聞や週刊誌、月刊誌等のメディアなどの公開されている情報源から、記事の内容をひたすらチェックすることなのだそうです。

ですから、今回のこと（ルスカの訪問）も、先生のなかでは予期していたことなのでしょう。オリンピックの金メダリストといえば国の英雄ですから、それを挑発するかのような記事が、関係者の目にとまったとしても不思議はないということでしょう。

ところで、実際に、その日道場で行われた勝負はどんなものだったのでしょうか？

ルスカさんがやってきました。

櫻公路先生は、ルスカさんに対して泰然自若、道場の真ん中にどかりと腰を下ろし、たった、一言。

「どこからでも来なさい。」

そう言われて、ルスカさんはついに攻撃を仕掛けることができなかったということです。

ルスカさんは一九七一年に、柔道の世界選手権で優勝し、一九七二年にはミュンヘンオリンピックで九十三キロ超級と無差別級で金メダルを獲得しました。

ある時、彼のインタビューをテレビで見たことがあります。

「世界チャンピオンになった今、日本の柔道からは何も学ぶものはなくなったが、日本人から腹を教わった」と言っていました。

日本人から腹を教わった。

私はこの一言を聞いて、ああ、櫻公路先生のことを言ってるんだな、と思いました。

あのとき、ルスカさんが先生に何か仕掛けていったとしたら、どうなっていたでしょうか。自分より身体の小さな、非力な日本人と侮って、組み伏せようとしていたとしたら？

容易に近づいていかなかったルスカさんは、先生の考えを読んでいたに違いありません。

ルスカさんは、先生の身体に触れたが最後、自分も無事では済まないだろうという、何かを感じとったのでしょう。同時に、自分のような若くて体力のある大男を相手に、悠々と自己をさら

ルスカ選手とともに。一番後ろにいるのは筆者

して、どこからでも受けて立つ姿勢をみせた、日本の武道家の度胸と自信に満ちたたたずまいに驚嘆し、尊敬の念を抱いたのかもしれません。

## 会友ルスカ氏

このできごとが縁で、ルスカさんは、大日本講武会の会友となりました。

彼が世界選手権を制したときには、道場に、櫻公路先生の手によって「会友ウイリアム・ルスカ君　祝・世界選手権優勝」という紙が張り出されたのも、懐かしい思い出です。

その後、オランダから何人もの人が学びに来ました。

グラブスタインさんもそのうちの一人です。

グラブスタインさんの弟子のファン・デル・ゼイさんとは、その後三十年ぶりくらいに再会し、以来日本を訪れる度に交流しています。彼も、櫻公路先生とルスカさんの話をよく知っていました。

彼はオランダで「海流」（オランダ語で、彼の名前の「ゼイ」は海を意味する）という空手の道場を持っており、弟子はなんと百四十人いるというのだから、驚くばかりです。

道場には、オランダからばかりでなく、数多くの外国人が入れ替わり立ち替わり道場に習いに来ていました。

その中に、ドン・ドレッガーという人がいました。

彼は、いろいろな武道を勉強しており、鹿島神道流に血判を押して入門したとかいう話でした。また、「007は二度死ぬ」の時に、S・コネリーに杖術を教えたのがこの人だということです。

浅草での演武会の時、ドレッガーさんの演武を見て、ある武道の先生がつぎのように評価しました。

「彼は、外国人の中では一番の実力ですね」と。

すると、櫻公路先生は、

「日本人と外国人と会わせた中でも一番ですよ」とおっしゃいました。実力の評価に偏見なしというところでしょう。

なぜなら相手の実力を読み間違うと自分の死が待っているからでしょう。

ドン・ドレッガー氏は体の大きい人で、組手をやったことのあるY先輩の感想は、「大きいけど、体が堅いから、そこにつけいるスキがある。」ということでした。

さすが、「相手と自分は五分と五分。尊大にならず、卑屈にならず」を教えてくれたY先輩だけのことはあります。冷静な分析だと思います。

ほかにも、アメリカの武術雑誌「ブラック・ベルト」の記者という人も来ていたことがありました。彼からは、まだ日本では無名に近かったブルース・リー（グリーン・ホーネットはすでに放送されていたけれども、まだあまり見ている人もいなかったような頃）のウワサを聞かせてもらったりしました。

とあるアメリカ人の軍人は、ベトナム戦争で負傷し、片足を失っていました。櫻公路先生から居合を習い、ほんの数ヶ月いただけだったのですが、刀を抜く手も見えないほどに大変上達して、帰国して行ったそうです。

その人のことを褒めて、テルコ先生曰く、

「あなた達はいつでも先生がいる、いつでも教えてもらえる、と思っているでしょう。あの人は、今しかないと思って、一生懸命練習したから、あれだけ進歩したのでしょうね。」。

まったくその通りです。

いつまでもあると思うな、親と金と先生、ですね。

## 「ぼく親戚です」

先生は、けっこういたずら好きでした。そのうちのいくつかをお話ししたいと思います。

先生を武道の達人と知らず、飲み屋で空手の腕前自慢をしてしまった人がいました。

先生は自慢を「そうですか、そうですか」と聞いてやり、「じゃあ、次は私の知っているところへ・・・」と行ってタクシーで道場まで乗り付けました。

先生が道場にお客さんを連れてくるのは珍しくないことなので、別に我々も気にもしません。

すると、先生はお客さんを道場に通して、「道着を着せてあげなさい。」とおっしゃいました。

先生は、よくお客さんを連れてきては、弟子と組手をさせたりしていました。

私が「どなたですか？」と尋ねると、あせったそのお客さんは、しどろもどろに「ぼ・ぼ・ぼく、親戚です！」。

「あのー、先生がああ言ってるので、道着、着てくれませんか？　僕たちが困っちゃうんで・・・」と言うと、〝親戚の人〟は、あわてて、

「先生、私の知ってるところへ飲みに行きましょう！」と言うが早いか、先生を引っ張って道場

を出ていってしまいました。

　先生はこういうイタズラなところがありました。

　櫻公路先生の前で自慢をする神経が私にはわからないというか、あのたたずまいを見れば、一見してタダモノではないと思うはずだと思うのですが、命知らずのコワイもの知らずは、世の中には多いようです。

　櫻公路先生はこういう手法、つまり、力でわからせるのではなくて、ちょっとトリックを仕掛けるというか、いたずらでおもしろくわからせる、こういうやり方が大好きでした。簡単な話、ひとつごつんとぶん殴ってしまえば相手を黙らせることはできるけれども、必ず遺恨が残る。でもこんなやり方ならば、お互い笑って済ませることもできるでしょう?

　エンターテイメントの世界では、人を怒らせること、泣かせることは簡単だ、でも一番難しいのは笑わせることだ、といいます。

　まあ、「親戚」のご本人は、苦笑いだとしても、です。

## 段なら人にやるほど・・・

中には、先生が武道家だと知ると、「何段ですか？」と聞いてくる人も多いのですが、そういうときは、先生はこんな風に答えていました。

「段なら、人にやるほどあります」。

あるときは、チンピラがスナックで櫻公路先生に絡んでいるというので、そのチンピラの兄貴分があわててすっ飛んできたこともあるそうです。

そのときの兄貴分の説教がこうです。

「おまえ、バカか？！なんで俺たちが、櫻公路『先生』って呼んでると思うんだ？力でかなわないから『先生』って言ってるんだろうが。殺されても知らないぞ！」

このように特殊な方面の人々に恐れられていたからといって、先生が乱暴だったという話はひとつも聞いたことがありません。

むしろ、温厚で、威張ったところがなく、弟子に対してもいつも「きみ」「○○くん」と呼んでくださり、一度も横柄な態度を見せたことはありませんでした。

私は拳法の師匠として櫻公路先生の足下にも及びませんが、弟子に対するときには、先生がそうであったように自然体でありたいと思っています。

先生は、弟子に対する気持ちは肉親以上なんだよ、とおっしゃったこともありました。こういう先生を持って、ほんとうに幸せだったと、今でもしみじみ思うのです。

## 人にものを尋ねるときは

あるとき、先生が刀を持って歩いていたら、交番の辺りで警官に呼び止められました。

「ちょっと、ちょっと、あんた！」

「何かね？」と先生。

「あんた、これ、刀でしょ。許可証は持ってるの？」と、お巡りさん。すぐにもう二人、交番から飛び出してきました。

人にものを尋ねるのに、『ちょっとあんた』とはなんたることか・・・、と、ちょっと先生のカンに障ったのでした。

そこで先生は、自分の真正面と、それから両脇に一人ずつ、合計3人のお巡りさんに囲まれている状態で、

「この位置で、刀を抜けると思いますか？」と、お巡りさん達に聞いてみました。

それにお巡りさんが答える間もなく、先生、刀袋の中の日本刀を、その状態で抜いて見せました。

お巡りさんはびっくりするやら、感心するやら。

このお巡りさん達も悪い人たちじゃなかったらしく、

「へえ、先生、すごいものですね！」とすっかり先生のファンになってしまいました。

先生も乗ってきて、「相手がこうかかってきたときは、こう応じる」などと、その場で即席の講習会が始まってしまったそうです。

それ以来、先生とそこの交番のお巡りさん達とはすっかり仲良くなったということです。

## 敵に勝つとは

よく、櫻公路先生は次のようにおっしゃっていました。

「敵に勝つとは、敵を殺傷することにあらず、すなわち、敵に勝つとは、敵を、己の腹中におさめることなり。」

つまり、味方（友人）を増やしなさい、という教えです。

お巡りさんの言葉遣いがちょっと悪かったからといって、「けしからん」と正面から言ってしまってはいわゆる逆ギレであるし、相手も引っ込みがつかないでしょう。相手の立場を考えないというのは、戦略がないということです。

人は誰しも、味方してくれる人の言うことしか聞かないもので、いくら強い相手だからって敵の言うことを「はい、そうですか」と聞けるものではありません。まあ、相手がおっかない人だったり、話の通じないめんどうくさい人だったりすると、うわべだけでは「わかりました」と言うけれど、その実、「いつか見てろよ・・・」と思っているものです。

その場で勝ったように見えても、実は、敵を増やしているだけということになります。

一方、ケンカをせずに、友人になることができれば、味方が増えたも同然で、やがてはその人が自分を助けてくれる日が来るかも知れません。

敵に勝つとは、敵を己の腹中におさめることなり。

これができれば、一人前です。

## クルミを割る

空手の先生達との会合で、どうも議論が堂々巡りをして停滞している中、櫻公路先生は、話を聞きながら片手でクルミをガチガチッと割って食べていました。

それを見ていた知り合いの先生が、

「櫻公路君、それ、どうやるの？」と聞いてきました。

先生は、またポケットから新しいクルミを出して、「こうですよ」と、なんということもないように堅いクルミの殻をバリバリッと割って見せました。すかさず櫻公路先生は、「先生がたもいかがですか？」とポケットからクルミを一つ出して、みなさんに勧めます。

クルミを受け取って割ろうとする先生もいるし、はじめから割れないだろうと思って手を出さない、用心深い先生もいます。

それで結局、手でクルミを割って食べることの出来た人は一人もいませんでした。

となると、人間というのは案外単純なもので、自分の出来ないことをやってのける人には一目置くようになるものです。

会議は櫻公路先生主導ですいすい進んでいきましたとさ。

櫻公路先生は、我々にはこの話の種明かしをしてくれました。

「クルミは、一個じゃ割れないが、二個なら簡単に割れるんだよ。」

会議の席上では、誰も先生がクルミを二つ使っていることに気づかなかったのです。

インチキと言えばインチキですが、これも戦略のひとつでしょう。大声で〝オレの話を聞け～〟と叫ばなくても、クルミひとつで、角も立てずに人より優位に立つことができたわけですから。


すっかりこの話が気に入ったので、これと似たようなことを、私はビールの王冠でやる「小林バージョン」を編み出しました。

飲んでいる席で、話をしながらさりげなく（これが大事！）片手で王冠を曲げてみせるのです。

見た人は、「えっ？」という感じになりますね。

あれっ、王冠て、そんなに簡単に曲がるものなのかな？と思ったりするおっちょこちょいな人もいます。

聞かれれば私は、「ええ、あんがい簡単に曲がるんですよ」と言いながら、その辺のテーブルに転がっている王冠をひとつ、親切に手渡して差し上げます。

で、自分もまたもう一つ手に持って、「ほら、こう・・・」とかなんとか、相手と会わせてまた一ひねりするのですが、私の王冠は曲がっても、その人の王冠はまず曲がらないのです。

これを種明かしすると、王冠の選び方に秘密があります。なるべく曲がっていない王冠を選ぶのです。もし、曲がっていたら、内側から押して、なるべくまっすぐに直しておきます。

相手に渡すのは、もちろん、思いっきり曲がっているヤツです。

手品みたいなことなのですが、若い人たちの前でやってみせると、「先生はすごい・・・」と単純に驚いてくれるのでおもしろいです。

ちかごろはビールといえばジョッキの生ビールなので、披露する機会もなくなりましたけれど。

## 「秘伝を教える」

ブルース・リー原作、デビッド・キャラダイン主演の映画『サイレント・フルート』をご存じでしょうか。

主人公は武道の秘伝を求めて、長い長い命がけの旅をするのですが、その旅路の果てにやっと秘伝にたどり着くと、その中身は鏡だった、というお話です。

この映画を久しぶりに見ていて、櫻公路先生が、秘伝の話をしてくれたときのことを思い出しました。

それはこんな話でした。

あるとき、みんなで道場で練習をしているところへ、酔っぱらった先生が帰ってきました。

ずいぶんご機嫌の様子で、先生は、弟子を一人、立たせると

「これから、秘伝を教える。」とおっしゃいました。

秘伝?

どんなすごい技なのだろう？

弟子が構えから攻撃しようとしたときのことです。先生は、口から何かをプッと吐き出しました。

先生は、紙を小さい玉に丸めて口に入れていたのです。

「一瞬相手がひるむのを狙う。」

実戦では、「小さい玉を丸めて口に入れる」時間はないので、唾を吐き出すのだそうです。

これが秘伝なのか。・・・う～ん、あんがい地味なものだなあ。

先生曰く、「秘伝なんて、その辺の石ころと同じだ。なんていうことはない、まつげみたいに、とても近いところにあるから、気づかないだけなんだよ。」と。

あるとき私が、公園で友人たちと三人で拳法の稽古をしていたときのこと。離れたところから私たちの練習をじっと見ている人がいました。

その人は、中央工学校の空手部のＯＢだということがわかり、私たちが道場の名前を言うと、その人は「ああ、櫻公路先生のところですね。よく存じています。」と言いました。そのときに、その人が実際に目撃したという先生の武勇伝のひとつを教えてくれました。

その日は北区の空手大会の打ち合わせの日でした。みんなで会食した後、歩いていると、空手の選手の一人とチンピラが言い争いになってしまい、チンピラが合い口をふところから取り出しました。それを見ていた櫻公路先生は、空手の選手を後ろに下がらせ、持っていた万年筆をチンピラめがけてピンッと飛ばして機先を制し、突きの一撃でチンピラを倒したのだそうです。

## 稽古のあとの稽古

道場では、昇段審査の後は、いつも酒盛りが始まったものです。

大人の先輩方に混じって、私もその座に連なり、一緒にお酒を飲んでいました（もちろん、未成年の飲酒は法律で禁じられていいます。若気の至り、大昔のことゆえ、勘弁してください。時効ということで・・・）。

そのときにいろいろ先生から聞いたお話が、勉強になりました。次のような話は、そういうときにお聞きした話です。

### ・本当にコワイ相手とは

先生はおっしゃいました。

「『なんだ、この野郎！』というふうにかかってくるようなヤツを恐いと思うか？

ぼくは、そんなのはぜんぜん恐くはない。力で来る者には、力でその上をいけばいいのだから。

そんなのはたいして恐くない相手だ。本当に恐いのは、ていねいに、『すいません、火を貸していただけませんか…』と言って近づいてくるような奴だ。こういうのは何を考えているか、わからない。火を借りる振りをして、いきなりグサッとくるかもしれない。だから、腰を低くしてタバコの火を借りに来るような奴の方こそ、警戒しなければいけない相手なんだ。」

武装している相手に対してであれば、警戒心をゆるめたりはしませんが、普通の人だと思えば、油断することもあるでしょう。世界最強の軍隊を持っているアメリカでさえも、テロによる破壊活動に苦しんでいるように、「腰を低くしてタバコの火を借りに来る」敵が、ほんとうに怖い相手なのです。

**・常に用心深く**

先生は、人から誘われて仕方なく知らない見せに飲みに行くとき、自分からは食べ物に箸をつけない、ともおっしゃっていました。同席の人に先に勧めて、その人が口にして大丈夫だと確認してから始めて自分も箸をつけるようにしていたということです。

戦争中は、軍の諜報機関に関わる仕事をしていたということで、このような用心深さは、職務柄必要だったのかもしれません。

## ・一人で行く

先生は、法律の外であれこれやっている人たちからも先生と呼ばれ、そういう人たち同士がトラブルになったときに手助けをしたりもしていたそうです。話をつけるときは、必ず一人で行くのだそうです。

とある、「組」と呼ばれている団体の一番偉い「親分」という人に話をしに行ったときのこと。先生が一人で乗り込んでいくと、その筋の人たちが百人もいるようなところでしたが、彼らは黙って道をあけたそうです。

そして、「親分」のところへ行ってから、おもむろにふところに手を入れ、たばこを取り出して、「火をお借りしたい。」。

「親分」が差し出したライターの火が小刻みに震えている。それで話はついたも同然だというのでした。

先生は、「俺が行くと、簡単に話がまとまってしまうから困るんだよ。頼んだ人が、もとから簡単な話だったと勘違いをする。」とぼやいていました。

・**戦略**

「オレは瓦を二十枚割れる」と、ある空手の先生が自慢しました。櫻公路先生は、「ほう、さすがですね。」と感心してから、興味深そうに「では、二十枚重ねて、下の一枚だけ割れますか?」と問い返しました。そうなっては、瓦割り自慢の先生も、う~ん、と言葉に詰まってしまいます。

「使用法」は、急所を突く練習ですが、同じように、人との間で優位に立とうと思ったら、人の気持ちの急所を押さえることができるようにならなければならないでしょう。私はこの話から、人と対するときにも戦略がなければいけないということを学びました。

・**犬に冗談は通じない。**

先生は「くまきち」というカラフト犬を飼っていた。カラフト犬と言えば、南極越冬隊に同行し、犬ぞりを引いたりする、頑強で辛抱強い犬です。

ある時、弟子の一人がくまきちをからかって、食べ物をやると見せかけて取り上げるといういたずらをしたところ、あやうくくまきちに食いつかれそうになりました。先生、それをみて一言、

「動物に冗談は通じないぞ。」

犬でも、人間でも、冗談の通じない相手には気をつけないといけないということです。

### ・敵に勝つ

櫻公路先生は、勝負について、このようにおっしゃっていました。
「敵に勝つとは、敵を殺傷することにあらず。すなわち敵に勝つとは、敵を己の腹中におさめることなり」。

これは、ルスカとの勝負の時に実証されました。

例えば、先生はケンカについてこうおっしゃいました。
「弱い奴と、弱い奴がやるから、けんかになる。強い奴と弱い奴だったら、ケンカにならない。」
弱い者同士、がちゃがちゃやるからケンカになるので、実力に差があれば、争う前に決着しているということです。

のちに、澤井先生から次のようなたとえ話をうかがいました。
コップとおしぼりを先生が両手に持って、「これ（コップ）とこれ（おしぼり）がぶつかっても、音はしない。だが、コップとコップなら、カチンと音がするだろう？」とおっしゃいました。

硬いもの同士だからぶつかり合う。相手がガチガチのものだったとするなら、こちらは柔らかくなってしまえばぶつかりあわない。物理的な話でもあり、精神的な話でもあると思います。

**・相手に命を捧げなさい。**

「相手に命を捧げなさい」

この心の持ち方は、戦いに欠かせないものです。

自然体で相手の攻撃を待って、ぎりぎりでかわして自分の攻撃を入れていくためには、相手に先に攻撃させる間、身をさらしていなくてはいけない、それに耐えるには、命を相手に委ねる覚悟、相手にやられても、最悪でもこちらも同時にやり返すだけの覚悟、そんな練習を繰り返すのが「使用法」の訓練なのです。

それ以外にも、本には書くのをはばかられるようなお話も聞かせて頂き、夜の更けるのも忘れて、酒盛りは続くのでした。

延々とお酒を飲み続け、しまいには奥さんから「あんたたち！いい加減にしなさい！私は明日朝早いんですよ！」

と叱られる頃には、もう四時になっている。すると、先生もさすがに、「よし・・・。」お神輿を上げ、そして、一言、

「じゃあ、外に飲みに行こう。」

酒盛りはまだまだ続いていくのです。

お次は、たいてい近所にある先生の行きつけのスナックに行くことになります。そこのマスターという人が、元警察官で、空手は二段の腕前、しかも、ヤクザの準構成員という不思議な人物。

彼からも、いろいろ実践的な話を聞くことができました。ある時、マスターがスナックのドアを開けて入っていくと、いきなり刃物で切りかかって来られたそうです。そのときは冬でコートを着ていたので、仕方なく刃物をとっさに右手で受けると同時に、相手の目をめがけて抜き手を差し込んだそうです。

後で右手をみたら皮膚が切れて少し血がにじんでいたそうです。これは、コートとスーツと長袖のYシャツと、三重に保護されていたからその程度で済んだのでしょう。そうでなかったら、右手にかなりの深手を負っていたことでしょう。

ですから、武器に対しては、必ずしも素手で処理できるわけではないという現実を、マスターの話から知ることができました。このとっさの技は、まさに交叉法ですよね。

## 二升飲んだ十六歳

先生は、大変お酒が好きで、しかもめっぽうお酒に強い方でした。

アメリカで空手の道場を手伝っていた先輩が、久しぶりに帰国して道場に挨拶に来たときの話で、道場に入って先輩が、「あれ？ここにあった刀、無くなっているけど、どうしたんですか？」というと、テルコ先生が答えて曰く、「そうよ。先生がみんな飲んじゃったのよ。ぜーんぶ、オシッコになっちゃったの！」。

あるとき、先生のお供をして、タクシーで先生に連れられ、浅草へ飲みに行きました。

そして、先生のお相伴をして、飲むわ飲むわ・・・気がつくと二升飲んで、さすがに気持ち悪くなりました。

先生から「塩水を飲め」と言われて、飲み過ぎたときは塩水を飲んで吐くということまで（！）教えて頂きました。

赤羽に、「男山」というジンギスカンのお店があり（残念なことにいまは閉店）、先生が時折飲みに行っていました。ごひいきの証拠のように、お店には、櫻公路先生の筆になる、石に書いた達磨が飾ってありました。私がはじめてそのお店を知ったのは、空手の師範代の柳沢先輩に連れて行って頂いてからです。

そこのご主人は、アマチュアレスリングでチャンピオンになった人で、日中友好のスポーツ親善で中国に行き、中国の競技者と交流してきたことがあったそうです。まだ日中国交正常化前の一九六〇年代半ばのことで、それ以前に中国訪問したのは、松山バレエ団だけだったそうです。

中国には、中国古来の組み技で「スワイジャオ」という技術があります。それで、レスリングのことは、西洋式スワイジャオという意味で、「シー・スワイジャオ（西のスワイジャオ）」と呼んでいた、などという話をすると、先生は大変興味深げに聞いておられたそうです。いまでこそ、スワイジャオを日本で教える先生もいらっしゃいますが、その当時は知っている人もほとんどなかったのです。

櫻公路先生が乱れた姿は「男山」のご主人も見たことがないそうです。

酒盛りもお開きが近くなると、またご機嫌の時は、先生お得意の「馬賊の唄」で締める、というのがおきまりであった。

「オレも行くから君も行け。狭い日本は住み飽きた・・・」と始まる勇壮な唄で、櫻公路先生は朗々と、大変な声量で、ほれぼれとするような歌声を聞かせて下さったものでした。

先生は、歌も上手なら、絵も上手、字を書かせても達筆。その上、大工仕事もお上手で、赤羽の道場は先生がご自分で建て増ししたりしていました。

まったく、櫻公路先生って、何者だったのでしょうか？

## 相手から目を離すな

先生のところにはよくいろいろなお客様がみえました。そういう方と、組手をするように言われることも珍しくありませんでした。

ある日、道場に行ったら、例によってお客さんがみえていて、先生がこの人と組手をやりなさい、といわれました。

どこのどなたかもわからないのに、「どなたですか？」「いいからやりなさい」ということなので、組手をさせていただきました。

相手をステン、ステン、と数度倒したところで「やめ」がかかって終わりになりました。自分より年上の方で、おそらく空手を長くやっていらっしゃる方だというくらいしか、わかりませんでした。そんな相手をうまく転がした自分に照れも入っていた私は、相手を見ることもしないで立っていたところ、相手の人から、「こいつ、オレを投げ飛ばしやがって！」と冗談で頭をはたかれました。

この組手のことでは、あとで、櫻公路先生から、

「小林くん、君は、二回相手から目をそらせたよ。それはだめだ。」と注意をうけました。そのころ、自分がちょっとばかり強いつもりで、少しのぼせあがっていたのだと思います。相手から目を離すのは油断にほかなりません。そういうところを櫻公路先生は見逃さなかったのです。

## 田中君の台湾修業

私の幼なじみの田中光勝氏が、あとから入門してきました。

彼とは家が近所で、小さいときから一緒に遊ぶ友達で、小学校と中学校は同じ学校に通っていました。

私は一人っ子でしたが、彼は男ばかり三人兄弟の末っ子。おっとりしていた私と違い、彼は頭も良く、そのせいでしょうか中学校では先生には反抗的で、生意気だと思われていたようです。

中学時代の田中氏は体操部で活躍しました。

オリンピックで見た体操に憧れて、仲間と一緒に自分で体操部を創設したのです。もちろん指導できる先生は中学校にはいませんから、学校の体育館ではなくて外部の体育館に練習に行き、大学生なんかが練習している横で練習していたのだそうです。そうすると、中学生ががんばってるというので、よその大学生が教えてくれたりしたそうです。

当時、北区には、オリンピックで金メダルを取った、月面宙返りで有名な塚原選手の、弟さんが中学生でいて、体操の区大会ではいつもダントツで優勝していたそうです。ところが、あるとき、その彼が何かの種目で落下してしまい、なんと、指導者もいない中学校から出場したもう一人の選手と田中氏とが、一位と二位に入るという快挙を成し遂げました。

高校に進むと、極真空手（当時、マンガの「空手バカ一代」が大人気で入門者が急増し、池袋の道場はロッカールームまで人が入って稽古するありさまだったとか）を始めました。ところで、彼のお父さんは、中国出身の人でした。それで彼は高校を卒業すると、台湾に拳法の修業に行くことにしました。

台湾では、見込みのない学生は、何をやっても「よろしい、よろしい」と通りいっぺんに褒められるだけで、なんにも教えてもらえないのだそうです。見込みのある者にだけ本当の指導が与えられるらしいのです。

中国拳法には、快練（速く動く練習）と慢練（ゆっくり動く練習）というやり方がありますが、田中氏が実際に修業した太極拳の練習では、起始（手を下から肩の高さに上げる最初の動き）だけでも数分をかけるという、おそろしくゆっくりしたものだったそうです。そんな練習を毎日八時間以上も続けていたそうです。

才能があったのでしょう、現地の師匠に大変かわいがられた田中氏は、「台湾人のお嫁さんをもらうんだったら、これ以上のことを教えてやる」と言われたそうなのですが、心は日本にあったので、帰国することになりました。

帰ってきたときに現地で修業した太極拳や小虎燕の型などを見せてもらいましたが、あれほどすごい型の演武は、今でも私はちょっと見たことがありません。そのぐらい、キレのよい、すばらしい動きでした。

空手の先輩にも、「田中君の型、あんなの武道館で演ったら、空手の先生でも頭を下げて教えて下さいと来るよ。」と言わせたほどでした。一九七〇年代初めのころです。

田中氏は台湾で修業した後、大日本講武会に入門しました。

「使用法」は彼をして、「これがあれば台湾に行く必要ない」と言わしめました。

現在彼は、知る人ぞ知る有名人なのです。つけ麺で有名な「べんてん」という店を経営しています。

## 優しくなった先生

大日本講武会は、浅草で演武会を行っていました。浅草界隈で櫻公路先生と言えば有名で、「鬼の浅草雷門　櫻公路の声がする」と歌われたくらい、有名だったそうです。じっさい、浅草で先生と一緒に歩いていると、いかつい男の人たちが道を譲るのですから、さすがだと思わずにいられません。

演武会では、戸山流抜刀術の中村泰三郎先生、それに頭山和泉先生なども列席されました。

あるとき、浅草の演武会で、試合会場の真ん中で、だれかが、演武の練習をしているのか、受け身を何度も何度も取っていました。白い道着を着ているので、これから出場するのかな？　と思いながら、よくよくみると、白い道着と見えたものは、なんと、ダボシャツとステテコでした。

要するに、酔っぱらったおじさんが、畳の上で、「よっ！」とか、「ほっ！」とか言いながら、いい加減な受け身をやっていたのです。ご本人はやっているうちにだんだんうれしくなってしまったらしく、ニコニコしながら、何度も何度もひっくり返っては立ち上がり、でんぐり返っては立ち上がり・・・あれあれ、誰かが止めなくちゃ・・・と思っていたら、櫻公路先生が動きました。

そのステテコのおじさんに近づくと、肩をやさしく叩きました。それだけで、おじさんはすごすごと立ち去っていきましたが、その後、先生が苦笑いしながら戻っていらして、

「昔だったら、もっと厳しくしていた所だ・・・。」


それから、しばらくして、千葉の鴨川で、大日本講武会の支部道場の道場開きが行われるということで、先生と一緒にみんなで千葉まで行こうという話になりました。大変立派な道場を見せて頂いたあと、冬のさなかであり、先生が、「寒いからたき火をしよう。」とおっしゃいました。先生が寒いと言うなんて、珍しいな、と思ったのを覚えています。

その後、先生から電話で、「カゼを引いて具合が悪いから、自分たちで練習しているように。」と連絡がありました。

そして、それからしばらくしたある日、道場から電話で先生が亡くなったと知らされたのです。

## 先生との別れ

お葬式に行くと、そうそうたる先生方が参列していらっしゃる中にドン・ドレッガーさんの姿が見えました。ドレッガーさんだけは式場に入らないで、外に立っていました。どうしてかな、と思いましたが、たぶん宗教上の理由で、仏式の祭壇は拝めながら外にいるのではないかと思いました。そうだとすると、宗教もずいぶん不自由で頑固なものだな、と思いました。

櫻公路先生はこんなこともおっしゃっていました。

道場に入るとき、必ず神棚に礼をするのは武道を学ぶ者の心得ですが、神棚のない体育館を道場の代わりに使うときでも、正面に対して必ず礼をすることになっています。

あるとき、先生は、「神棚には神様がいると思うか？」と聞いたのです。

よくわからないから黙っていると、続けてこうおっしゃいました。

「神棚にいるのは、神様じゃないんだぞ。自分が生まれる前に、沢山のご先祖がいて、今自分がここにいるだろう。神棚の神様は西洋で言うところの、ゴッドとは違う。神棚に礼をするということは、ご先祖様に対して礼をしていることなんだよ。」と。

先生のお葬式で、忘れられないのは、土佐先生という空手の先生が、「櫻公路先生は、私のような年下の者に対しても、いつも本当に腰を低く、丁寧なことばづかいで応対してくださったんですよ。」と言葉をかけていただいたことです。

ああ、やっぱり先生はそういう方だったのだな・・・。

## 先生が教えてくださったこと

私は、小さい頃に父と別れ、女手で育てられたので、自分に足りないものを求めるように、中国拳法に出会い、櫻公路先生に師事することになりました。

私は先生から、本当にたくさんのことを教えて頂きました。拳法だけでなく、先生の振る舞いに至るまですべてから教えられたというのが本当だと思います。

技術としては、先生がまとめられた〝使用法〟は、今でも指導する度に、ほれぼれするほどよい技術、使える技術だと思って感心させられています。

ルスカさんとの逸話からは、自分が言ったことに最後まで責任を持つ生き方を学ぶことができました。先生は、「ヘーシングを一発で」と公言すればいずれ本人の耳に入るだろうこと、覚悟の上でした。本人ではありませんでしたが、後に同国人のルスカさんがやってきて、そして、先生はルスカさんに対し、自分の言ったことを証明して見せたのでした。

さらに、その勝負が、決して殺伐としたものでなかったことは、道場で笑顔で立っていたルスカ氏の姿が物語っています。

「相手を己の腹中におさめる。」ということを、実証して見せてくださったのです。弟子に対する愛情は、肉親以上なんだよ、とおっしゃっていた先生、私は今でも人にあきれられるほど、先生はすばらしかったと言い続けていますが、それは、先生が、私をはじめ弟子達に深い愛情を持って接して下さっていたことが、私の体中、心の中いっぱいにしみわたっているので、その先生の思いが深かったから、私の気持ちも変わらないのじゃないかと思います。

こうして、大日本講武会は、昭和五十年二月のある日、櫻公路先生を失ってしまいました。

## コラム❷ 受けるだけの時間的余裕と腕前があれば攻撃を

誰しも、「ぶたれる!」と思えば手で避けようとする。

そこで、櫻公路先生曰く、

「(相手の攻撃を)受けるだけの時間的余裕と腕前があれば、攻撃しろ」。

「使用法」の内容は、格闘技でいうカウンター攻撃の技術が主になっている。

カウンター攻撃の弱点は、相手の攻撃を捌ききれなかった場合(つまり、カウンターに失敗したとき)、きちんと防御したときよりもダメージが大きい、ということだろう。

ここで重要なのが「体捌き」になる。

「使用法」の考え方では、捌ききれなかったときにダメージ一〇〇パーセントの位置に自分がいなければばよい、となるわけだ。

前に出るが、正面は外す。

体捌きは、使用法に入る前の初学者が一番はじめに教わることで、「使用法」を行う上で最も大事な動きである。

1. 相手の攻撃を一〇〇パーセントでもらわない位置とタイミングで自分の攻撃を出す。
2. 相手の攻撃を出させない位置から、自分の攻撃を出す。

というのが「使用法」のパターンである。

「もらわない」「出させない」と同時に、自分は攻撃を出して思いを遂げる。

「もらわない」だけであれば、対象から離れれば離れるほど良いことになってしまう。ただ、これでは、負けないかもしれないが、勝ちもない。

「使用法」の考え方では、自分はいつも、対象物に攻撃が入れられるところに位置をとらなくてはならない。

正面は外すが、逃げない。

そういう距離感をつかむために、稽古を重ねていこう。

「使用法」は、「間合い」の感覚を研ぎ澄ますための稽古でもあるのだ。

「間合い」は身体的条件で変わってくるので自分の間合いは自分で見つける必要がある。

そのうえ、防具のあるなし、蹴り技のあるなしなどの、条件によっても、いちいち変わってくるものだ。

# 第二部　躾道会発足

## その後の大日本講武会

ただ自分が強くなりたいと思って練習を続けていただけなのに、櫻公路先生が亡くなったあと、拳法部を任されるようになり、私は好むと好まざるとにかかわらず、指導する立場に身を置くことになりました。

まだ修業を始めて数年、二十歳そこそこの私にとって、拳法部だけとはいいながら、道場を任されるということは、正直言って負担でした。

そんな気落ちした毎日を過ごしていたある時。

家の近所の中華レストランに夕食を食べに入りました。

その店のご主人は、台湾出身ということで、私が拳法の話を何気なくしたところ、そのご主人も、少林拳、太極拳、武器術を修業していたと話してくれました。

櫻公路先生という師匠を失ってから消沈していた私でしたが、偶然にも本場・台湾の拳法の師範に巡り会えたことは、なにか自分に救いの手がさしのべられたような気がしました。その方は、布施勲先生とおっしゃいました（後に著書でその経歴を知って驚きました。台湾省国立中興大学を卒業し、その後来日。一九七〇年に東京農工大学大学院修士課程を修了し、その後は東京大学大学院に進まれたという大変優秀な方でした。現在は日本に帰化なさっているそうです）。

私は、ぜひ教えてくださいとお願いしました。

すると、布施先生は、「日本人には非常に親切にしてもらったから」と、無料で教えてくださるとおっしゃいました。

それからというもの、夕方、近くの小学校の校庭で布施先生が少林拳の基本から指導してくださいました。

私は布施先生から、十二路弾腿、呉派太極拳、羅漢拳などの型を教えて頂きました。その後しばらくして仕事の都合で教えて頂くことができなくなってしまいましたが、そのときの事は私にとって非常にためになっていると思います。

以来一度もお会いしておりませんが、布施先生は現在松戸で太極拳や少林拳を指導していらっしゃり、著書も出していらっしゃいます。

そうしているうちに、東北新幹線敷設計画が動き出して、道場の土地もいよいよ立ち退くことになり、大日本講武会の本部は、櫻公路テル子先生と共に水戸に移ることになりました。

赤羽では、空手部といっしょに中学校の体育館を練習場所として、中国拳法を教え、また子供の空手の指導を手伝ったりしながら数年が過ぎました。

次の転機が訪れたのは二十八歳の時のことでした。東京の大日本講武会を預かる岡林先輩から、一本の電話が入ったのです。中国拳法のある先生の道場開きがあるからという話で、「小林君、きっと君のためになるから、行て見てきなさい。」というのです。

岡林先輩は赤羽の道場が無くなったあと、王子の方で空手を教えていて、会うこともなく、久しぶりの電話でした。それで、いきなり「君のためになるから」というのです。まあ、なにが自分のためになるやらわからないまま、とりあえず、その日は会場に行くことにしました。

会場に行くと、そこで思いがけない人がいました。大日本講武会拳法部（つまり私の教え子です）の人で、小学校の先生をしているKさんでした。どうしてそこにいるのかというと、実は今、澤井健一先生のところで、太気拳をやっているということで、きょうは澤井先生を始め太気拳の一門の人たちと一緒に道場開きに来ているということでした。

もちろん澤井先生のお名前と、太気拳については、私も存じ上げていました。

かといって、自分が入門をするなんて考えてみたこともありませんでした。当時の私は、いまさら中国拳法で何かをしようというような心境ではなかったのです。いうなれば、櫻公路先生が亡くなってからの私は、拳法人生のなかで、さまよえる亡霊のような状態でした。

ところがその日、気がつくと私は、澤井先生の前で「ぜひ教えていただけないでしょうか、よろしくお願いします」と頭を下げていたのです。

この瞬間から、私の中国拳法人生の第二部が始まりました。


この大事なきっかけをくれた電話の事について、後年、本当に感謝していると岡林先輩に話したところ、先輩は自分が電話を掛けてきたことを全く覚えていませんでした。

「オレがそんな電話をしたっけ？？？」と、全く記憶にないのだそうです。

「『小林君のためになるから』って言って誘ってくださったんですよ。」と言っても、まったく覚えていないのだそうですから不思議な話です。たぶん、頭で考えて電話してくださったのではなく心で感じて、感じるままに電話をしてくださったのでしょう。

## 太気拳に入門を許される

太気拳に入門を許された私は、澤井先生の一門の末席に連なることができたおかげで、その後、自分の中国拳法をさらに深めることができるようになりました。

太気拳については、諸先輩方がすでにたくさん書いていらっしゃるので私の出る幕ではないでしょう。

仕事をしながら、一週間にたった一回の休日を、朝から神宮まで顔を叩かれに行く。我ながらなんでこんな思いをしてやっているんだろうと自問自答しながら、それでも稽古に通っていました。こんな思いを抱えて稽古しているのは自分ぐらいのものだろう、それに比べて、どうしてみんな平気でこんなことをやっていられるのだろう、と当時は思っていたのですが、後年、みなさんに聞いてみると、「オレもイヤだった」「オレも怖かった」と言うのです。これには、驚くと同時に、ほっとしました。みなさんも、私と同じような人間だったんです。超人じゃあないんです。強さとは、がまん強さのことであるかもしれません。

さて、櫻公路先生という大黒柱を失い、また、本部が赤羽から水戸へと移ってから数年が経ち、それぞれがそれぞれの道を模索し始めました。ついに、東京にいる大日本講武会空手部も分裂するという事態に至りました。一部の人たちが独立し、別の会派を作る、ということになったのです。

そのときに私は、大日本講武会に残るのか、独立組についていくのか、という選択を迫られることになりました。

大日本講武会に残るほうには、恩人である岡林先輩がいました。

当時、赤羽で独立組の先輩たちといっしょに子供達の指導のお手伝いをしていた私は、そのときに大変悩みました。

個人の気持ちとしては、自分は櫻公路先生の遺志を継いでいくという気持ちで大日本講武会に残りたい、というのが本音でしたが、自分が指導していた子供達を置いて出ていくわけにはいかないという気持ちも強くありました。そして、結局は、自分個人の思いよりも、指導者としての責任を優先するべきだと思って、独立組についていくことに決めました。

そうするうちに、ある人の紹介で中国拳法を教えて欲しいという若い人が現れました。それで、個人的に近くの公園で教え始めることになりました。四国から上京してきていた大政君という青年でした。彼は、もともと友寄隆一郎先生のお弟子さんあたる先生のもとで、賢友流空手を習っていました。

このときは、私は自分の練習も兼ねて、立禅、這い、練り等、もっぱら太気拳を中心に教えました。

## 躾道会発足前夜

大日本講武会・空手部の先輩から私の噂を聞いて訪ねて来たのが、岡部武央君でした。

静岡県の出身で、中学生のころから唯心会井上空手道場で空手道と琉球古武術を学び、高校卒業後に上京して専門学校に通っていましたが、彼の言葉をかりると「達人を求めて」空手道や中国武術の道場をまわっていたのだそうです。

当時、彼はまだ二十歳にならなかったかと思います。

その年頃といえば、自分にも身に覚えがあるのでわかるのですが、生意気盛り、自分に自信がある年頃ですから、岡部君が私を訪ねてきたときには、「どうせたいしたことないんでしょ」といわんばかりの顔をしていました・・・と言っても、本人は否定しないと思います。

のちに本人も言っていましたが、「正直、中国拳法の先生の実力っていうものには、ほとんど期待していなかった」のだそうです。

いっぽう私は三十代の終わり。大日本講武会の道場がなくなって拳法部の指導という責任から解放されて以降、ある意味自由になり、これからは自分が強くなるためにひとりで稽古をするだけで十分と思っていました。そのころ、誰かに教えようなんていうことはまったく考えていませんでした。

というわけで、岡部君が来たときも、じゃあ組手をしましょうということになりました。当然、私は構えません。自然体で、どこからでもどうぞ、という態で待っています。

当時から岡部君は決して弱くはなかったと思います。ですが、私には彼が何をしようとも、技の起こりの段階で何が来るのかわかりましたので、彼の技を完全に封じることができました。

岡部君がそれまで見てきたような、力を力で封じるような技術とはまったく別のことだったからでしょうか、彼はそこで何が起こっているのが、すぐには理解できなかったようです。

そのとき、彼の蹴りの起こりを見切って足刀で蹴りを封じたのですが、家に帰ってスネが赤く張れているのを「こんなことをする中国拳法の先生に会ってきた」とお兄さんに話したのだそうです。お兄さんというのは、岡部宣史君といい、弟と同じく、中学・高校と唯心会の道場で空手と琉球古武術を学んだ後、上京してからは正道会館に入っていました。

岡部武央君が稽古にくるようになったので、彼には太気拳を中心に教えました。柔らかい動きを学んだ方がいいように思ったからです。

これは、私か櫻公路先生のもとで剛の拳法を学び、その後、太気拳を学ぶことにより柔の拳法を身につけることができた経験からも、いい順番だと思えました。

柔らかい動きということでは、大日本講武会でよく指導をしてくれたY先輩は、誰からも教わらずに太気拳的な、とても柔らかい動きをしていたのです。後年、太気拳を学んだ後にY先輩と武術談義をしながら出た私の動きを先輩は見逃さず、「動きが柔らかくなったな！」と言われて、内心、うれしく思ったものです。

やがて、弟に続いて、兄の宜史君も稽古に来るようになりました。そして、小川正人君も稽古にやってくるようになりました。小川君はフルコンタクト空手、柔道、シュートボクシングなどの経験者で、当時は柔道整復師養成学校に通う学生さんでした。

また、そのころ、岡部君の紹介で訪ねてきたのが、長野峻也氏でした。

彼はとても武道に関心が高く、有名無名を問わず、興味を持った先生のところに足を運んで、自分の目で確かめていいか悪いかを書く、というスタンスで、武術雑誌に記事を書いたり、自費出版で雑誌を出したりしていました。

長野氏は、私の見せる技術を通して、櫻公路一顛先生に大変興味を持ってくれて、当時まったく無名の「嫡流真伝中国正派拳法」の価値を、おそらく誰よりも高く評価してくれていました。

そして「櫻公路先生のお名前を広くメディアに出すときはぜひ自分にやらせてください」と

いつも言ってくれていました。

後に岡林俊雄師範による「嫡流真伝中国正派拳法」のビデオを株式会社クェストさんから出すことが出来たのも、長野氏の尽力によるものです。

自分が強くなればいい、教えることには全然興味のなかったのに、なんだか人が集まり始め、なんだか会のようになってきましたが、こちらは教えようと思って集めているわけではないのと、講武会の拳法部を預かって以来、来ては去っていく教え子と残される先生のむなしさみたいなことを、長いこと感じすぎていたせいもあって、確固たる覚悟も決まらないまま、月謝を取るわけでもなく、それどころか、稽古が終わるとみんなを家につれてきて酒盛り、なんていうことをしばらく続けていました。

そういった席で、櫻公路先生の思い出話を若い人達に話しているとき、私は十代のころの、大日本講武会の昇段試験後の宴会を思い出しているのでした。

一九九三年から一九九四年は、ひとりで修業というコースを大きく方向転換することになった時期でした。

## 男子教育の場として

さて、何人かの人が集まるようになり、長野氏からは、「先生がちゃんとあとを継いで伝えていかないと、嫡流真伝中国正派拳法がなくなってしまいますよ」と、しごくまっとうなことを指摘され、なるほどその通りであると納得もいきました。

水戸に移った大日本講武会で行っているのは居合道と空手道、東京でふたつに分裂したけれどもそれも両方とも空手道であり、ここで自分の腰が引けたら、大日本講武会の中国拳法はどこにも残っていないことになってしまう。

それで、空手の指導のお手伝いもけじめをつけて辞めさせてもらい、嫡流真伝中国正派拳法を後世に残すために、一九九五年三月、四十歳になるのを期して、自分が会を主宰する決心を固めました。

ここに至ったのは、集まってくれていた若い人達の熱意と「櫻公路先生はすごい」と言い続けてくれた長野氏の熱意、そして、独立を快く了解してくれた櫻公路テル子先生のおかげでしょう。

ところで、今の時代に、武術を志すというのはどのような信念に基づくことなのでしょうか。戦国時代と違って、腕っ節が強いからといって、出世が出来る世の中でもありません。

これにはもう結論がでていて、「ハラを鍛える」ことに尽きます。

ルスカ氏が櫻公路先生から学んだ「ハラ」です。相手に命を捧げる、自分が生き残りたいという生命なら当然の欲を捨てて動じない覚悟、というものでしょう。

もちろん、私もなかなかそこまでの境地にはたどりつけません。というのは、櫻公路先生のように、白刃を前にして、そんなハラのくくり方を見せられるか、といったら、それは正直言ってちょっと無理ではないかと思います。でも、立ち向かうのが拳と足であれば、覚悟を見せられる自信はあります。ちょっと言い訳がましくなったでしょうか。まあ、刃物と素手でやりあったことがないので、絶対に「できる」とは証明できないのです。櫻公路先生が刃物を見せる相手を制した話は、実際に目撃した人からいくつも聞きましたから、先生の実力はいかぽかりかと思うわけです。

自分ひとりの修業だったら、ひたすら「強さ」を求めるのでもかまわないと思います。しかし、人を預かって技を教えるときに、ただ強ければいい、というのは無責任なことです。強くなりたい人に強さを提供するだけでは、道場とは言えないのです。

大日本講武会のような、いわゆる町道場には、スポーツクラブとは全く違う、また学校の部活動などとも違う、独特の世界がありました。そこには、「男子教育」というものがありました。

当時は女性や子供の入門はとても少なかったのです。

考えてみると、その時の「男子教育」が、いま私の人生の支えになっていると思います。

「男子教育」などというと、男女差別主義者かと思われるかも知れないけれども、私はむしろ男子が意気地がないことが気になってしまい、平等などといっているとどんどんだめになっていくのが男子ではないか？と思わずにいられません。

オリンピックでの女性アスリートの活躍を例に出すまでもなく、まわりを見回すだけでも女子の元気がいいのが目立つ今日このごろの日本ですから。

放って置くと、どんどんしっかりしていく女子に比べ、どんどん自信をなくしていくのが男子なのではないでしょうか。

男子はちょっとゲタを履かせて上に持ち上げてやるくらいでやっと女子と釣り合いがとれるとしたら、なんとも情けないのですが。

会の名前を決める段になって、私は迷わず「躾」という文字を入れようと思いました。

「躾道会」と書いて、ビドウカイと読ませます。

読み方は私のオリジナルです。

今の時代、「躾」がおろそかにされすぎていると思うのです。

あいさつができない。脱いだ履き物をそろえることができない。人と話ができない。二十歳をすぎてもそんな人間がごろごろしています。

これは、大人が子供に対し「しつけをする」ということをさぼってきた結果だと思います。

道場のルールというのは、正座して礼を「強要」されたり、先輩には敬語を使わなければいけなかったり、かなり封建的なものではあるのですが、日本の伝統的な価値観に基づいたものであり、今の日本の社会にも、そういうルールは根強く残っています。

ところが、今や学校では、先生に対して友達のような言葉遣いをしても、たしなめられることもないまま、過ごしてしまうようです。家庭でも「友達親子」だし、兄弟も一人っ子やせいぜい二人というのでは、上も下もないようなものです。そういう「対等」な人間関係しか知らなかったら、敬語の使い方もわからないのはあたりまえです。

こんなこともありました。

子供たちに空手を教えていたころ、自分の息子が北区の大会で型の演武をしているのを見て、

そのお母さんが、

「先生！　ウチの子、踊り踊ってるみたいですよ！　もっとちゃんと教えてくださいよ！」と文句を言ってきたことがありました。

その息子というのは、まっすぐ立つこともできない、まったく落ち着きのない子でした。そういう子に、きちんと立つことと、きちんとあいさつをすることを、私が教えたのです。

ですから、私にしてみれば、曲がりなりにも大会で演武をできるようにまでなったというのは、この子にしては大成長なのですが、その母親からすれば、他の子と比べて出来が悪い、と不満に思い、空手を習わせてるのに踊りを踊っている！とさらに不満に思い、全部指導者が悪い、と思うわけです。

そんな文句を言う前に、家庭でちゃんとあいさつをすることを教え、話を聞くときには黙って先生に注目するということを教えておいてほしいと思いました。もちろん、道場で礼儀は教えますが、基本的には家庭で親がしつけて身につけるはずのことだと思うのです。

武道をやるということは、その人がきちんと責任ある大人になることと、セットにしておかないと、ただの乱暴者を作ることにもなりかねません。まずは、そういうことを、はっきりさせておこうじゃないか、という気持ちがありました。

というわけで、躾道会は、男子教育の実践と躾の心をモットーに発足しましたが、このときの私には、のちに女子会員が入ってくることや、その子達が大活躍するようになるということは知るよしもないのでした。

# 散打交流大会

一九九六年冬、岡部宣史君が柳飛雲先生主催の闘龍比賽というトーナメント試合に出場することになりました。栃木で行われるとのことで、私は同行せず、結果を楽しみに待っていたところ、決勝戦まで進んだが、試合中の負傷で、残念ながら優勝には至らなかったとのことでした。

その試合の審判を勤めていたのが、中国武術・義龍會の廣瀬義龍師範でした。岡部が、足の複雑骨折の重傷で、試合会場からそのまま病院に行ってしまったために準優勝のトロフィーを受け取ることが出来ず、それを預かってくれた廣瀬師範から、入院中の岡部に代わり私が受け取ることになりました。

このような縁で廣瀬師範と義龍会と知り合いになり、翌年五月、散打交流大会を見せてもらうことになりました。現在は義龍会の単独開催になっていますが、そのころは、複数の団体の共同開催で、数多くの団体が参加していました。私が十代、二十代の頃には、中国拳法には試合というものが無く、空手の試合にでるしかなかったのですし、試合に出るためにわざわざ全空連の段をとりにいったりしなければなりませんでした（今では、そのことは、私にとって良い経験に

森先生とは、廣瀬師範とともに散歩交流大会以外でもご縁があった

なっていると思いますが）。

その後、散打交流大会が義龍會による単独開催になった頃から、私は審判をお手伝いさせて頂くことになりました。その後に創設された拳王杯は、第一回から審判として参加させていただいております。

二〇〇七年に惜しくも亡くなられましたが、日本拳法最高師範の森良之祐先生が最高審判長をなさっていたときにおっしゃったことをいつも頭に置いて審判をするよう心がけています。

それは、「審判が試合を作るんだ」というお言葉でした。

審判は、技量も試合経験もばらばらな選手達を、怪我をさせずに、彼らに最高の試合をさせるには、どうしたらよいか、ということを、常に考えないといけないということです。

自分が試合に出ていたころ、審判がなかなか技をとってくれないときに、「審判には見えていないのかな？」と思って、だんだん技が過激になっていった経験もあるので、女子や、キャリアの浅い人の試合のときは、なるべく早めに止めに入るようにと思い、そのタイミングもいっそう気を使いますから、審判をやるときには、やたらと気合いが入ってしまいます。試合をやっている選手以上に動いていると言われることがあります。それは、私にとってなによりうれしい褒めことばなのです

## 深圳・一九九八年首届全球　撃拳王覇争賽（ＷＦＳＢ）

さて、一九九八年に、木本先生からのお誘いで、岡部武央が中国・シンセンで行われる散打の世界大会に出場することになりました。

そこで、日本選手団を結成することになり、東京からは中国武術・義龍会の廣瀬義龍先生と一門の方々、京都からは拳武会の栗崎佳子先生と赤川裕実先生が、顧問として笠尾恭二先生が就任され、カメラマンの田中誠二先生も同行してくださるという、大変豪華なメンバーで、中国へ乗り込みました。木本先生は団長の重責を担い、そして試合の時には栗崎先生とともに岡部のセコンドも勤めてくださいました。

私は仕事の関係で、二日遅れて合流することになっていました。

私が出発する前日、現地では最初の試合が行われていました。

夜、深圳から電話がかかってきて、「岡部が六十四キロ級で優勝した」との知らせを受けました。

このときの喜びは忘れられません。

ほんとうに、今まで生きてきて一番幸せ！　という気分です。

深圳の駅からタクシーでホテルに向かう道すがら、優勝の喜びを運転手さんと分かち合いたくて、「散打の世界大会をやってるのを知ってますか？」とか、「私の弟子が優勝したんですよ」と話したいと思うのですが、こっちは中国語がまるでできません。それで、しばらく話したあげく、会話が成立したのは、「日本人か？」「そうだ」くらいでした。あとは、「散打」「私、老師」「弟子」「冠軍（チャンピオン）」といった単語を連発して、なんとなくわかってもらった、という感じでした。

さてホテルにつくと、木本先生と岡部が迎えてくれました。

その夜、岡部は、中量級のチャンピオンを決める試合があり、その試合では、私もセコンドにつくことになっていました。六十四キロ級の勝者として、七十キロ級の勝者、中国の楊金強選手と戦うのです。楊金強選手は、中国の全国散打大会において四年連続で優勝しており、前年の一九九七年には、世界武術選手権武術散手の大会で七十キロ級優勝という、実績のある強敵です。

夜になり、試合会場に行くと、会場はなんともいえない異様な盛り上がりです。野外劇場のようなところの中央にリングがしつらえてあり、なんだかローマのコロッセオみたいな感じすらし

岡部武央君が優勝した深圳での大会

ました。

　その日の試合では、岡部が前述の楊金強選手と戦うのですから、中国人の観客は、「加油！加油！」と一方的に中国選手にだけエールを送ります。岡部にとっては完全にアウェイの試合です。

　その雰囲気を察した廣瀬師範は、中国選手への声援を向こうに回し、立ち上がってひときわ大きい声で「加油！日本人！」と中国語で叫びました。

　まわりの中国人がびっくり

して注目していたそうです。

廣瀬先生はじめ義龍会のみなさん、笠尾先生、栗崎先生、赤川先生、みなさんの応援をいただきながら、残念なことに、岡部は判定で敗れました。

試合の後、みんなで六十四キロ級の優勝を祝して宴を催しました。

そのときのことです。

岡部が優勝カップを「ぜひ先生に進呈したい」と言ってくれました。

私は、そこに岡部からビールを注いでもらい、一気に飲みました。

ビザや飛行機の手配から、ホテルの部屋割りまで、すべて引き受けてくださった木本先生、体調を崩されて横になっていらっしゃったのに、私が到着するとビールで迎えてくださった、選手団一行の長老格の笠尾先生、大勢のお弟子さんを連れて応援に参加してくださった廣瀬先生、セコンドとして岡部をサポートしてくださった栗崎先生と赤川先生、すばらしい写真を撮ってくださり、そして帰国後、週刊プレイボーイに試合の様子をリポートしてくださった田中先生。

岡部の優勝は、このような、大勢の先生方に支えられての快挙でした。

私にとっては、ほんとうに一夜の夢かと思うできごとでした。

## アルトー館のパフォーマーたち

躾道会は、水曜日の練習場所に「アルトー館」という、バレエスタジオをお借りしていました。こちらのスタジオは、及川廣信先生、澄江先生というご夫婦が主宰されている老舗のスタジオです。及川廣信先生は、フランスに留学し、日本人ではじめてパントマイムを学んでいらっしゃったという方で、バレエ、マイム、パフォーマンスのジャンルで様々な前衛的・実験的な舞台やワークショップを行ってこられ、御年八十を越えていらっしゃるはずですが、いまも若い人たちとともに舞台に立っています。知る人ぞ知る廣信先生を慕って教えを乞うアーチストの人たちが今も引きもきらないようです。

廣信先生は好奇心旺盛で、奥様と一緒に私の太極拳クラスに参加なさっていました。中国の気功にも興味を持って、ご自身で研究されていました。

その廣信先生から、ご自分のパフォーマンスのクラスに来ている生徒さん達に、中国拳法の動きを体験させたいとのお申し出があり、彼らに水曜日の稽古に参加してもらうようになりました。

彼らは物事を学ぶのに非常にまじめであり、太極拳のような複雑な動きも、しっかり見て覚え、細かい動きまでも真似て再現しようとしていました。「マナブ」は「マネル」が元。上手に真似ることが出来る人は上達が早いのです。

そのうちに、そのパフォーマンスクラスの中からも、日曜日に公園でやっている稽古にも参加してくれる人が出てきました。私は、パフォーマンスクラスの人たちは彼らなりの向き合い方で中国拳法を体験してくれればいいと思っていました。それなので、特に組手は必要無いと思い、水曜日は、易筋経、立禅といった、身体を作り替えていくための基本を中心に教えていました。

私の中に、彼らが組手的なものを求めていないだろうという思いこみがあったために、稽古に漂うどこか中途半端な空気を察したのが小川正人君でした。

彼は、パフォーマンスクラスの人たちの本気度を確かめたいという感じのことを文書で私に訴えてきたのです。非常にまじめかつ現実主義的な小川君ですから、当人達の希望に添ったことをやるのが合理的だ、というのです。

武術を追求したいのか、それとも、パフォーマンスに役立てるための体験か、そこをはっきりしろ、ということでした。これには私も参りました。

及川先生のパフォーマンスのクラスが予定通り終了した後も、数人が躾道会に残りました。

そして、試合に出場するまでになりました。中国武術・義龍会主催の二〇〇四年五月開催の散打交流大会というポイント制の試合で軽量級技能賞を獲得した水川勝利君や、同じ大会で、自然体の構えで試合に臨んだ山下浩人君らは、パフォーマンスクラスOBなのです。

## 女子部発足！

さて、そうやって躾道会に残ったパフォーマンス組の男たちの、友達という女性たちがいつのまにやら入会してくることになります。

そして、さらにその同級生という女子たちが続けて入会してくるという、躾道会はじまって以来の事態が出来したのは、二〇〇三年のことでした。

女子のよいところは、まじめに言われたとおりに稽古することです。

だいたいが武道未経験で入ってくるので、先入観がありません。変なクセもついていません。まっさらな状態で、先生に言われた通りを、女子特有のまじめさで、いっしょうけんめいやってくれるので、教える側としてこれほど楽しいことはありません。

思えば、子供達に空手を教えていたときもそうでした。

小学生の男子というのは、ほんとうにふざけてばかりいて、きちんと立って、きちんと挨拶ができれば上等！　というレベルなのに比べ、女子は、先生がやりなさいと言ったことをきちんとこなした上に、こちらに来て、「先生、次は何をやったらいいですか？」と聞いてきたものでした。

もう、小学生の時点で、勝負あった、という感じなのです。

だいたい、日曜日の朝から、「ああ、今日も男ばっかりか・・・」と思うと、別にうれしくもない稽古ですが、若い女性たちが公園で待っていてくれると思ったら、もう稽古の日が待ち遠しいというくらいのものです。しかも、その子たちは、本当に私のよく話を聞き、まじめに、それにうれしそうに稽古をしてくれるのです。

それに比べると男どもは、遅刻をしてくるのはいるわ、体を動かす前に能書きばっかり垂れるのはいるわ、見た目にかわいくないのばっかり、と、三拍子そろっているのですから、どちらがカワイイかは分かりきった話です。

さて、そうして稽古を続けていると、躾道会の女子からこういうことを言われました。

「先生、私たちも、使用法を教えてほしいんです。練習しても、いいでしょうか。」

それまで私は、女子会員がそういう考えをもっているとは思いもしませんでした。

むしろ、女性に対し、急所を攻撃するとか、そういうことを教えることに躊躇があったのでした

が、そう彼女に言うと、返ってきたのは

「でも、女性は非力だから、むしろ急所を知って、そこを攻撃することを覚えた方がいいんじゃないでしょうか。」とまったく合理的な意見が帰ってきたのでした。まったくもってその通りだと思った。

彼女は向山恵理子君と言いました。

彼女はこののち、単身、ケニアのルオー族の村にニャティティという民族楽器を習得するため修業の旅に出て、アニャンゴというルオー名をもらって帰ってくるのでしたが、それはまた項を改めて記しましょう。

かくして、積極的な女子に私がひっぱられるような形で、女子も使用法の練習、そして防具を付けて組手の練習、というように、だんだんと稽古も質を変えていくようになりました。

## 順子の快進撃！

向山君の同級生で山﨑順子君が入会しました。アメリカ留学から帰ってきたばかりで、何か運動をしたいと思っていたところを向山君がスカウトしてきたのです。高校時代はバスケットをやっていたとのことで、体力、気力、根性は向山君に勝るとも劣りません。

二人とも、グループでつるむタイプの女子ではなく、むしろ一匹狼的な性格だったようで、高校時代からお互いに一目置いていた間柄だということでありました。

さて、この山﨑君は、大変よく練習をしました。バスケットで培った基礎体力と根性、そして向上心があります。基本練習は男子並みのメニューを確実にこなしました。男ができることは当然自分もできると思っていて、できるどころか、当然その上を行ってやる、くらいの気合いを持っていました。

日曜日の練習の日に、「何時まで練習できるの？」と聞くと、「何時までても」と言って、お昼も食べずに夕方まで練習していました。

入門してから数ヶ月経って、彼女は、私に手紙をくれました。その中には、留学から帰ってきて体調を崩していたところ拳法と躾道会に出会って、すべてがいい方向に向かうことができたこと、それについての感謝の気持ちが綴ってありました。

これもなかなかできることではありません。

みんな、心に思っていてくれているのでしょうが、なかなかきちんと伝えてくれる人はいないのです。こういう形で表現してくれるというのは、指導者としては大変うれしいものです。

その山﨑君が、散打交流大会（ポイント制の試合）を見て、自分も出てみたいと言い出しました。五月のことです。なんとかまっすぐ突き蹴りができるようになったころでもあったので、試しに、防具をつけた男子を相手に組手の練習をさせてみました。

するとこれが、水を得た魚というか、じつにうれしそうにのびのびと組手をやる。

それで、十一月の拳王杯（トーナメント制）に出場することを目標に、稽古をはじめました。

彼女は「試合に出る以上は躾道会の名誉を汚すことになってはいけないから。」と言って、前にもまして熱心に稽古するようになったのです。

とはいっても試合まで時間もないし、短い時間では教えることも限られてきます。

そこで、山﨑君には攻撃することだけを教えることにしました。

攻撃すること。すなわち、前に出ること。これだけです。

そして入門から半年で、拳王杯というトーナメントの試合に出場、見事優勝を果たすことができました。二〇〇四年のことです。ちょうど前回の優勝者が出場しなかったという点も、山崎君にとってはラッキーでした。

本人の努力はもちろんありましたが、あらためて、櫻公路先生の遺された「使用法」という技術の確かさを証明することができた、との思いを強くした優勝でした。

その後、彼女は奨学金を得て、シカゴ大学の大学院に進み、現在はアメリカの大学で教えているとのことです。

# Anyango

二〇〇五年三月、山﨑君を紹介してくれた向山恵理子君が、アフリカに修業に行くことになりました。彼女はもともとミュージシャンで、アフリカ音楽に興味を持ち、なんでも、「ニャティティ」という楽器を習得するために、ケニアの師匠に弟子入りし、ルオー族の村に住み込みで修業をするのだということでした。

「ニャティティ」というのは、ルオー族に伝えられてきた、イチジクの木をくりぬいたボディに八本の弦を張った弦楽器で、本来、男性しか演奏することが許されないもので、女性には禁じられた楽器なのだそうです。

しかし、向山君は、外国人であり女性であるという、二重の壁を大和魂で突破して、世界初の女性ニャティティ奏者となったのです。

彼女は、師匠から「アニャンゴ Anyango」というルオー名をもらいました。

アニャンゴの村での生活はルオーの村人とまったくおなじでした。朝はニワトリと一緒に起きて、水くみ、薪拾い、畑仕事といった家事を手伝い、師匠の奥さんと一緒にずっと働き、昼からは師匠と一緒にお酒を飲みに行くのだそうです。そう聞くとちょっと楽しそうですが、アルコール度数の高いお酒につきあわされ、そして、自分は師匠より一足先に家に帰って、夕食の支度をする奥さんをまた手伝うのです。

そんな毎日を繰り返す中で、たまたま師匠の気が向いたときに、ニャティティの稽古をつけてもらえる。とはいっても、手取り足取りのような親切な教え方ではなく、たった一回、師匠が弾くニャティティの音を全身耳にして聞き取り覚える、という稽古だったそうです。

ニャティティが演奏できるというのは、ただ楽器が弾けることに終わりません。リズムとメロディをニャティティという楽器で奏でると同時に、自作の歌を歌い、聞き手との掛け合いを楽しむ、というスタイルなので、弾き手はクリエイティブかつアドリブもこなせないといけないらしいのです。そして、ユーモアも必要。短期間の間に、ルオー語とニャティティをマスターしたからには、大変な努力があったのだろうと思います。

向山君は、みごとに修業をやり通しました。卒業のための宴会は自分で山羊や鳥、お酒を買い、村人を招いて、師匠の前でニャティティを弾きました。その様子は、ＣＤ「ルオーの魂」にライブで納められています。

ルオー語なので何を言ってるのかはわからないのですが、Ａｎｙａｎｇｏが何かを言うと、聴衆が「わーっ！」と受けて笑いが広がる、というその掛け合いが、本当に明るく温かく、Ａｎｙａｎｇｏは本当にルオーの村人に心から受け入れられたのだなあと感じられました。

その後、「ボーンマス・ケニア」というケニアの国立劇場で、外国人として初めて演奏を行い、すっかりケニアで有名になり、テレビ東京の「世界で活躍する日本人」という番組でも取り上げられるなど、大変な活躍をしています。

彼女のスケールの大きさは、その演奏活動の目的が音楽にとどまらないところでしょう。日本ケニア親善大使としての活躍もめざましいものがあります。

ケニアの市民活動家のテンパ・テラー氏と共に、ケニアのスラム問題に取り組み、スラムへのサポートや、両国での啓蒙活動を積極的に行っているのです。

ケニアでの修行中も、易筋経を毎日やっていた、と帰国したとき向山君は話してくれました。また、「先生から教えていただいた闘いの心がまえのようなものが生きてきています。本当に少しでも、拳法をやっていてよかったと思います。」というメッセージをもらって、私は大変うれしく思いました。

理屈で理解してくれるだけではなく、実際に自分で体験した結果、実感したことだからです。

二〇〇八年には、「よさこいソーラン」に参加し、ケニアからも高校生を招待して、三千人ものダンサーを集めて「よさこいニャティティソーラン」を成功させました。

一分一秒を無駄にしない覚悟で、Ａｎｙａｎｇｏは日本とケニアを行き来しながら今日も活動しています。

そして、二〇〇九年には、ニューズウイークが選ぶ「世界が尊敬する日本人一〇〇人」のうちの一人に選ばれました。まだ三十歳にもならない若い女性でした。

手前味噌になるも知れませんが、私は、彼女のような人から「先生」と呼ばれたことを誇りに思うのです。

## 強ければいいのか?

武道をたしなむ人はご存じだと思いますが、日本の武道の世界では、道場に入る前に入り口で礼、道場を出るときにも礼をすることになっています。

仮に道場とされているところ、たとえば学校の体育館を借りて練習をしている場合でも、そこは道場とみなされて、出入りの時には礼をすべきである、と教えられます。もともと道場には必ず神棚が祀られていたので、神様に対して礼をするということから始まったのだと思うのですが、自前の道場を持たず、バレエスタジオと公園を練習場所としているわが躾道会でも、出入りの時に礼をすることを教えています。

講武会の道場には、神棚がありましたが、あるとき、櫻公路先生がこんなことをおっしゃいました。

神棚にいるのは西洋でいうところのゴッドではない。

君たちが今いるのは、親やその親、その先祖がいて、初めて君たちが存在するのだから、その人たちに感謝しなさい。

そういうふうに教えてくださいました。

私は今も当時も宗教心がないものですから、神様といわれるより、先生のおっしゃるこの考え方のほうがわかりやすいと思いました。

最近になって、「道場」というものについて考えるとき、しぜんに樱公路先生のこの言葉を思い出しました。

道場には師匠がいます。弟子は師匠から教えをうけますが、師匠は手取り足取り教えてくれるわけではありません。

道場には、自分より早く入門した兄弟子がいます。兄弟子の中には、面倒見が良くて、教え好きの人もいます。そうでない人もいます。

昔の中国では、先輩が後輩を教えるということはあまりないそうです。弟子は師匠とつねに一対一の関係で、師匠はその弟子に見所があると思えば深く教えるし、そうでないと思えば何も教えてくれないのだそうです。

台湾で修業してきた田中館長の話では、中国拳法の練習では最初からパーフェクトを求められるというのです。一例を挙げると、一字巧（前後開脚）ができなければ、何も教えてもらえないということでした。一字巧ができるようにならないと、型もなにも教えてもらえないのだそうです。

よく私は中国の昔の教え方を小乗仏教、日本のやり方を大乗仏教にたとえるのですが、中国のやり方は個人主義的で自分が強くなることに集中し、才能がある人は存分に伸ばすことができ、それはそれでとてもいいシステムだと思います。

一方、日本のやり方は、才能があってもなくても同じ稽古法が与えられていて、ずっと公平です。誰かさんが「自分一人が強くなればいい」と個人的には思っているにしても、システム的には先輩に教えてもらったり、後輩に教えたりしながら、道場全体のレベルをあげていくという性質であるように思います。

師匠に学び、兄弟子に鍛えられて、一生懸命稽古すれば、強くなるでしょう。道場の中の誰よりも熱心に稽古すれば、道場の中の誰よりも強くなるかもしれません。十代、二十代の体力をもってすれば、仕事と生活に追われながら武道の修行を続けているような三十代の先輩を組手で圧倒することもあるでしょう。そうして、自分の力が先輩をしのぐようになったと感じたときに、自分がどういう考えを持つようになるでしょうか。強くなったら、自分が一番になったと思ったら、自分より弱い者、かつては自分の上にいた人でさえも軽んじるようになってしまうのでしょうか。

私自身は、先輩にほんとうにたくさんのことを教えていただきました。やれ右だけ練習していてはだめだ、左も同じかもっとたくさん練習しろ、とか、当時はこうるさいと思いましたが、結局すべて自分のためになっています。

親切な兄弟子でもそうでなくても、そこに道場があって自分がいま稽古できているのは、自分の前に兄弟子がいたからです。兄弟子の前にはさらに諸先輩がいたからで、そういった諸先輩方のおかげでいまこうして自分が大日本講武会の技を学ぶことができているのです。そういうふうに考えたときに、自然に感謝の気持ちが生まれてくるのではないでしょうか。

## お互いが学ぶ関係

躾道会に女性が入会してきたとき、はじめ私は彼女たちが組手をやりたがるとは思わなかったのですが、易筋経で体を作り、使用法を練習していくうちに、だんだん組手に興味を持つようになりました。そのうちのひとりは、入門から一年たたないうちに試合に出ることになりました。おまけに初出場で初優勝という快挙。すいません、少し自慢になってしまいました。しかし、これは櫻公路先生の教えである、後ろに下がらないこと、彼女が前に出ることを徹底して練習した成果だと思っています。

だいたい男より女の人の方がまじめです。言われたことを素直にやるので、すぐに上達するようです。

それに比べると男は気が散るというか、煩悩が多いというか、私も男だからわかるのですが、こうやればいいと言われても、なかなか素直に従う人が少ないように思います。

この話を、オランダで百四十人弟子を持って空手の道場をやっているヴァン・デル・ゼイさんにしたところ、彼も、「そのとおり。女性のほうが、まじめで、よく練習をする。」とうなずいていました。だから、少なくとも私だけの偏見ではないように思います。

男子に、初心者の女子の相手をさせるときには、体格・体力に勝る男子には、「攻撃禁止」というハンデを与えます。

相手が初心者とはいえ、完全に捌きされるかというと、なかなかそうはいきません。女子は力に頼らない分ノーモーションで突きを出せるという特長がありますから、その突きは意外に早く、拳が小さいので手の間をすり抜けてしまうこともあり、男子は見る練習、反応する練習をすることができます。

強い者が弱い者に力で勝つのはあたりまえです。道場の中で、上級者が下の者に痛い思いをさせて、自分の強さを見せつけることに何の意味があるでしょう。大日本講武会には、猛者といってもいいような厳しい先輩がいらっしゃいましたが、下の者を理由無く痛めつけるようなことは一度もありませんでした。

ましてや男が女性を相手にするのですから、男は痛くても我慢です。そうなると、女子は反撃されることはないので、のびのび攻撃に専念できます。

前述した山﨑君の初出場・初優勝は、本人の人一倍の努力もあってのことですが、それとともに躾道会のみんなが彼女を育てたおかげ、と思っています。

初心者は上級者に育てられ、上級者は初心者に学ぶことができるのです。

私は弟子たちに、どんどん人に教えなさい、といっています。それは、教えることで学ぶことがたくさんあるからです。

ただし、我慢と手加減を覚えないと、指導するのは難しいです。

でもそれは、結局のところ、自分が経験しないとわからないことだと思います。

## 役割が人間を作る

空手の師範で、矢田先生という方がいらっしゃいました。大学生時代には、賢友流の友寄隆一郎先生と常に全日本の一位を争っていた実力者と聞いています。

櫻公路先生が亡くなられてから、大日本講武会空手部の先輩達が地元の中学校で空手の指導を始め、私もそのお手伝いをしていた時期があり、大会の打ち合わせなどで、矢田先生とたびたびお目にかかることがありました。

あるとき、うちの会の小学生の一人について、私に「あの子、よくなったんじゃない？」と声をかけていただきました。

前回見たときより、良くなっているとおっしゃるのです。よく他の道場の子供のことまで見て覚えていてくださるものだと、それだけでも感心したのですが、そのうえ、「あの子になにか、役割を与えるといいですよ。そうするとさらに伸びる。」と助言してくださいました。

自分が強くなるためだけに練習をするのではなく、なんらかの役割を分担して他の人の役に立つことで、責任を果たすことを覚え、それが自信につながり、いっそう成長するということでしょう。

当会に中学生が入門してきたとき、その基本的な指導をひとりの弟子にまかせたことがありました。

Hくんは、日曜の朝8時から赤羽で練習するために、家から一時間半はかかるにもかかわらず、文句も言わず、中学生を教えてくれました。

中学生も先輩の指導によく従い、手はかかるけれども、教えたことは絶対に忘れないし、なにより言われたことは百パーセントやろうとする、稀なほどのまじめさをもっていました。

組手では荒っぽいところを見せるHくんでしたが、中学生を面倒見るときには小さい弟を面倒見るようにやさしく扱うのを見たときに、ああ、彼も成長したな、と思いました。

その中学生も今は二十歳になり、三十代や四十代の後輩を指導するほどにまで成長していま
す。

## 戒め

櫻公路先生は、いつも弟子達に対して言葉が丁寧だったし、必ず君付けで呼んでくださっていました。その点は私も師に習っています。

偉そうにすることなく、いつも自然体でいたいと思い、またそのようにしているつもりです。

そうしていても、私が櫻公路先生のそのようなふるまいを見習おうとしてきた（また今でもしている）のと同様に、弟子たちが、下の者に対して威張ったりいじめたり、また他の流派を批判したりするような不作法はしないものと信じています。

これは私の性分なので仕方ないのか、あまり細かいことを注意するのも好きではない（というか、気にならない）ので、怒ったり叱ったりというのも数年に一度あるかないかです。

しかし、これは言っておかなければということも、たまにはあります。

まずは、「則を越えず」ということです。

躾道会に入会したからには、まず自分の武術の腕前を磨くことが本分です。それ以上のことは、師範に言われない限り、必要ありません。

もちろん、当会でも後輩の面倒を見るのは大いに奨励していますが、それ以上のことはする必要がありません。それ以上のことをするヒマがあったら、自分の稽古をするべきであると思います。

それができている者の意見なら、後輩も聞くし、師範も耳を傾けるでしょう。自分の稽古を十分にしつくさない者が何かを言うとしたら、それは、分をわきまえない、と言われても仕方がないと思います。

また、武術を学ぶ者の心得として、むやみやたらに拳を振り回さないことは肝要です。道場の中で、稽古をするのは大いにやってほしい。しかし、外に出たら、拳を振り回すような稽古をするのは、他人に対して大変に不作法であるばかりでなく、自分の身を危険にさらすことにもなることをよく弁えておくべきです。

一歩外に出たら、誰が見ているかわかりません。平和な町ばかりではないのです。

飲み屋で、ある客がカラオケで歌っていて、そのスジの人たちにちょっと野次られたときに、「チッ」と舌打ちしたばかりに、アッという間に殴り倒されてしまった、という話は現実にあったことです。たったそれだけのことなのに、そのスジの人たちは、いやおうなく神経がそれに反応してしまうからです。自分は遊びでやっているつもりでも、それが誰かを刺激してしまい、思わぬ所から反撃されても、文句はいえないのです。

居酒屋で、刃物をちらつかせたらどうなりますか？

みんなが気持ちよく飲んでいるところで、弾をこめた拳銃をちらつかせたら、その場の雰囲気はどうなりますか？

我々は、拳を、刀して使う為に、稽古して鍛えているのです。

それを、道場以外で、しかも、他のみなさんは楽しく飲食をしている席で、ちらつかせるのは、不作法以外の何ものでもありません。

また、拳をそのように取り扱うのは、拳法に対して礼を失することでしょう。

拳法に対する尊厳を守ること、そして身の安全を守ること、この両面から、気を付けなければならない大事なことだと思います。

## 覚悟を持つ

ある時、櫻公路先生が上野のある店でお酒を飲んでいたとき、一人のホステスさんが先生の席に着くことになりました。その女性は、「私、美人でしょ？」といわんばかりの態度で接客したらしく、それを不快に思った先生は、「オレは不美人は嫌いだ！」と言い放ったそうです。

私がその話を聞いて、「そんなこと、言ってみたいですね。」と言ったら、櫻公路先生はこうおっしゃいました。

「上野中のヤクザの用心棒が来ても、数秒で倒せるだけの自信がなければ、そんなことは言えない」

人に不快を与えたときには、それ相応の仕返しがあるもので、自分の軽はずみの行動が思わぬ結果をもたらすことになる。その覚悟をしておけということでしょう。

また、こんな話もあります。

私が若い頃、バイクの免許をとろうとすると、母親が危ないからと反対しました。そう言われても、乗りたいものは乗りたいので、絶対免許を取りに行くと言うと、母は、

「わかった。それなら乗ればいい。そのかわり、事故を起こすときは、ぜったいに他人を巻き込まないで、自分だけで死になさい。」と言いました。

その後免許を取って、最初は「陸王」という（国産のハーレーと言われた）バイクを友人から譲ってもらって乗っていましたが、その後、必死でお金を貯めて、中古のハーレーを買い、乗り回しましたが、たいした事故は起こさずに済んみました。一度だけ転倒したことはありますが、運良くかすり傷程度で済みました。

いまでも、母の言葉を思い出しますが、よくあのときおふくろは、あんなことを言ったな、と思います。

自分の息子は死んでもいいが、人様を巻き添えにしてはいけない、という、昔の親のすごさみたいなものを感じます。

この話をしたところ、妻は「息子が死んでも良いなんて、親だったら思うわけない。それは、事故を起こすな、っていう意味。ストレートに『事故を起こすな』って言ったって耳を素通りするけれども、『自分だけで死になさい』と言われたらこそ、いまだに覚えているんでしょう。」と言いましたが。

なるほど、そうであるかもしれません。

覚悟、ということでしょうか。君子危うきに近寄らずといいますが、近づくときには覚悟をしておけ、と言うことだと思います。

## 「躾道会」から「躾道館」へ

二〇〇八年の五月に、躾道会という組織を、躾道会と氣道会からなる躾道館として、再出発することにしました。

躾道会では嫡流真伝中国正派拳法を、氣道会は原則として躾道会で学び黒帯を取った者に対し太気拳を指導します。

ただし、二つの会に上下関係はありません。

私は、櫻公路先生から習った中国拳法の技術と、先生亡き後、ご縁があって師事させて頂いた澤井健一先生からならった太気拳と、両方を大事にしていきたいと思っています。

私自身が、まず、嫡流真伝中国正派拳法の使用法を勉強することによって技術の核を作り、その上で太気拳を学び、自分の中国拳法を発展させることができたと思っているので、私の下に入門してくる人たちにも、同様に勉強していって欲しいと考えてのことです。

こういうことができるようになったのも、二〇〇六年、太気至誠拳法の宗家、佐藤嘉道先生から、錬士の免状をいただくことができたからです。

## 中国拳法を修業する目的

櫻公路先生は、武道をやる目的について

「うちは精神修養を目的としてやっているわけではない」とおっしゃっていました。

先に「精神修養」を求めるわけではないが、冬の寒いときにも、夏の暑いときにも、休まずに道場に通い、日々からだを鍛え、結果として心が鍛えられる、ということであると。

私たちは、ひたすら中国拳法の稽古をする。

寒いときも暑いときも休まずに道場に通い、それができたら、その結果として、人格が陶冶され、立派な、強く優しい人間に、きっとなるでしょう。

私がそう信じられるのは、もちろん、櫻公路先生がそういう方だったからです。

しっかりと毎日の自分の稽古をしていきましょう。

人生は修業の連続だと思います。

何の修業でもいいのです。続けることです。

私は、中国拳法で修業をしている一人ですから、これからも、生きている限り、続けていくことでしょう。

私の先生達のように。

# コラム❸　組手の中で何をすればいいのか。

組手の中で「使用法」のパターンを存分に試してみよう。

自分から攻撃をしかけていくと何が起こるのか。
相手の攻撃を待ってカウンターをとろうとすると何が起こるのか。

組手＝自由組手、のように書いてきたが、はじめは約束組手からはじめよう。

躰道館の稽古では、それぞれの習熟度に合わせて、いろいろなパターンで約束組手を行う。

力量が違う場合はハンデをつけて。

もしろいのが、こども対大人の場合。

こどもは攻撃し放題、大人は捌くだけ、とする。

反撃が来ないからこどもはのびのび攻撃でき、大人はこどもの放つ軽いけれどスピードのある連発技に鍛えられる。

組手の稽古をしていく中で、慣れて来たときに気を付けたいのは、勝ちたがらないことだ。

それよりも自分の流派のエッセンスを体現できているか、どうか。

上級になればなるほど、そういうところに意義を見いだしてもらいたい。

道場組手で、後輩をたたきのめして強さを見せつけるようなのは、まったくいただけない。

自分の強さを最大限に発揮すべきは、自分より強い者と対したときである。

ある大会の来賓挨拶にあった、

〝良い試合ができるのは、相手のおかげであることを忘れないように〟ということば。

お互いが敬意をもって相対することを稽古の時から心がけていかなければならない。

それがなければ、武術はやすやすと暴力になりさがる可能性がある。


剣の道では「一眼二足三胆四力」という。

「使用法」の稽古をして、間合いを見切る「眼」と相手の出を待つ「胆」を養いつつ、身につけた技を実際に発揮しようと思えば、「足」に象徴される動きのスピードと「力」を身につけておきたい。


躾道館には、「嫡流真伝中国正派拳法」と並ぶもうひとつの大きな柱、「太氣至誠拳法」があるが、武術の経験のない人には、まず嫡流真伝中国正派拳法からやってみたらどうですか、という提案をしている。

首席師範が修業してきた順番通りに学ぶのをオススメしているのはなぜかというと・・・。

立禅と這いに代表される太氣拳の稽古をすると、体の動きと力の次元が変わってくるのを実感するようになる。

さて、ここで例え話。

自動車にどれだけポテンシャルの高いエンジンを積んでいても、地図がなかったら、目的地にいち早く到着することはできない。

超高速で走れるF1カーに乗っても、コースを読めなければ、トップでゴールすることはおぼつかない。

立禅と這いは、いわば自分の体が乗用車からF1マシンに置き換わるような稽古だ。

それによって、新しい体をつくり、反応をつくり、第六感まで研ぎ澄ましたとしても、そのときに自分から出てくる技が、何もなかったら？

いったい、どういう闘い方ができるというのだろうか。

「体は出来ている。好きにやりなさい」と励ます？

・・・こういうスタイルを、プールに投げ込む方式と名付けた。

（人によっては有効だが、即挫折の危険も伴う）

とはいうものの、逆もまた真である。

いくら「使用法」を全て記憶しても、瞬時に体が動かなければ、たとえ間合いが見切れてもその瞬間に反応できなければ、せっかくの「使用法」が使えないことになるから。

躾道館の門をたたき、太気拳から始めたい、と言って、使用法を横目に見ながら太気をメインに稽古している者もいた。

おもしろいことに、そういう人もやがて、使用法をコツコツ稽古するようになる。

「『使用法』って、やっぱり使えますよね」と言いながら。

だから、もうどちらから入っても、結局は同じことではある。

嫡流真伝中国正派拳法と太氣至誠拳法は車の両輪。

「使用法」という技が身についた、最高性能の体。

それが、躾道館の理想とする姿である。

## 長いあとがき

・・・と、ここで終わるはずだったのですが、諸般の事情により出版が遅れた間に、その後の躾道館にもいろいろな変化がありました。
それについて少し付け加えておきましょう。

### 躾道館武術ＤＶＤ発売

二〇一〇年には、株式会社クエストさんから、「躾道館武術」というタイトルで二本のＤＶＤを制作していただきました。

それまで、自分のごとき若輩者が、という、諸先輩に憚る気持ちがどうしてもぬぐえずに、クエストさんからの数度にわたるお声かけに対して、毎度毎度遠慮していたのですが、同社の山口一也さんから、心情あふれるお手紙を頂戴し、人間はいつまでも若く元気でいられるとはかぎらない、明日元気な保証はない、ということをあらためて考えさせられ、これはそろそろお申し出をお受けするべきだと決心した次第です。

おかげさまで、嫡流真伝中国正派拳法篇と太気至誠拳法篇の二巻からなるシリーズにしていただくことができました。

嫡流真伝中国正派拳法篇には、躾道館から独立した岡部宜史君と岡部武央君、練馬支部の支部長である小川正人君に加え、小川君の愛弟子であり右腕といっても言い存在でしょう、練馬支部の会員・鈴木江実子さんらにも出演してもらい、使用法の技と応用を紹介しました。

岡部宜史君は静岡から当日駆けつけてくれました。

そして、使用法をアドリブで実演する私の相手役をやってくれたのですが、事前の打ち合わせもなく、それこそ一緒に稽古するのも何年ぶりか、という状態にもかかわらず、お互いの息がぴったりと合い、ほんとうに気持ちよく技を出すことができました。

これには私も感激してしまい、「打ち合わせも何にもなかったのに、お互い、すごいよな！やっぱり、昔、よく練習したからだろうね。」とねぎらいました。

それに対して彼の言ったことがまたかっこよかった。

なんて言ったと思いますか？

「先生が一番かっこよく見えるように、と思って動きましたから。」ですと。

これには参りました。

このように、櫻公路先生の武術の一端をＤＶＤの映像という形に残せたことで、少しは恩返しができたかもしれない、と思ったできごとでした。

しかし、技術は人に伝わってこそ生きるもの。映像化で満足せず、技を受け継ぐ人達を育てなければ、と思います。

## 少林拳の発祥地で演武

二〇一二年には、小川正人君・鈴木江実子さん、川崎支部長・水川勝利君の三名が、日中国交正常化四十周年記念事業の一環として、中国の少林寺へ赴き、演武をしてきました。

水川君のレポートをよれば、「「日中国交正常化四十周年記念日中武道国際大会」二〇一二年五月一二～五月一七日 日中国交正常化四十周年を記念する公式行事として我々は日本武道代表団として訪中。居合道の勇進館、躾道館、沖縄古武術、日本柔術、空手道、等の日本武道の代表者が集まり、また全日本 少林寺気功協会の方等、総勢四二名で参加。武術、禅の発祥地・総本山、中国・嵩山少林寺と太極拳の発祥地、陳家溝と少林寺武僧団訓練学校の三ヶ所で開催。

陳家溝では 鄭州市の県長、局長が我々を迎えて下さり、太極拳創始者陳王程の奉られている陳家溝で陳家溝太極拳十九代伝人・朱天才先生（太極大師・太極拳伝承人）の目前で演武会をすることが出来、友好を深めることが出来ました。嵩山少林寺では第三十代最高責任者、釈 永信管長の前で日中両国の武術の演武をし、友好を深めることが出来ました。一五〇〇年の歴史ある嵩山少林寺で日本の武道が初めて披露されるという歴史の扉を開くことが出来ました。嵩山少林寺のホームページに我々の訪問がトップニュースとして載っております。

「中日武林高手 少林切磋武技」

http://www.shaolin.org.cn/templates/T_newS_list/index.aspx?nodeid=23&page=ContentPage&contentid=6496

嵩山少林寺 武僧団訓練基地へも訪問し友好を深めて来ました。少林寺では武僧から各種の少林武術を教えて戴き、学んで来ました。達磨大師が座禅を行った達磨堂をはじめ、多くの名所を廻ることが出来ました。嵩山少林寺第三十四代継承者最高師範、秦 西平先生、公益財団法人日中会館（村上立躬先生）、外務省、日本武道代表団団長北出雅人先生の御尽力に感謝します。」

このときの演武の模様は、ＹＯＵＴＵＢＥで見ることができます。

https://www.youtube.com/watch?v=bBnFfNYraX0

## 櫻公路一顱先生生誕百年記念祭

先生が亡くなってから大日本講武会は奥様のテル子先生を会長として茨城県水戸市に道場が移り、空手道と居合道の道場として活動が続いていましたが、テル子先生も、二〇〇九（平成二十一）年に亡くなりました。その後は、居合道場として存続しているとのことでした。

二〇一三年四月、櫻公路一顱先生の生誕百年を記念して、記念祭が催されました。

それに先立ち、弟子達の組織として「櫻公路倭唐会」を設立し、恩師の教えを守っていこうということを確認することになりました。空手部のＯＢである方々は、各地で指導にあたっていらっしゃる一方、拳法部のＯＢで活動しているのは、私だけでした。

その現実を突きつけられて、空手はオリンピックの競技種目にも選ばれ競技人口も若い世代を中心に増加している一方、中国拳法の現状はどうか？ということも考えました。居合道・空手道・中国拳法という、大日本講武会の三本柱のひとつとして、絶対に嫡流真伝中国正派拳法が失なわれるようなことはあってはならないと思いますし、じゃあ、それを存続させるのは誰なのかというと、自分ががんばらないといけないというところに、いつものように戻ってくるのでした。

百年祭は、来賓の方々にもお集まりいただきまして、つつがなく終了いたしましたが、櫻公路先生のことを懐かしく思い出すよい機会であるばかりでなく、いまだ、ご恩返しができていないという苦い思いもすることになりました。

百年祭を前にして、月刊紙「フルコンタクトKARATE」編集部の方から取材のお申込を頂きました。五月発売の七月号で使用法の紹介をしたいとのことでした。編集部の方に、今年は櫻公路先生の生誕百年の節目の年であることを話しますと、それはまたとない機会だと考えてくださったのでしょう、表紙に大きく「櫻公路一顱生誕百周年記念」として、「躾道の拳技」というタイトルで、手技を中心にした特集記事になりました。

翌二〇一四年には、「中国散打も制した精妙なる足技」として引きつづき使用法の蹴りの技法を紹介していただきました。

## 礼に始まり礼に終わる

二〇一五年五月、教育関係の仕事に携わっている弟子・水川君から、「先生、助けて下さい」と急に連絡が入りました。

なにごとかと思って話を聞いてみると、彼が美術を教えている学校で、新年度から武術の授業を担当することになったが、ついては、学生・生徒達には本当の本物に触れさせたいから、先生に講師として週一回の授業をお願いしたい、というのです。

さらに彼の言うには、本校の生徒達は発達障害や、コミュニケーションに不安を持つ若者達なので、一クラスをひとりで受け持つことは、不安を覚える。ついては、ぜひとも先生に協力していただきたい、ということでした。

四十年以上も指導を続けているので、ちょっとやそっとでは動じないだけの経験はありましたが、コミュニケーションを苦手とする中学生から大学生までの若者達五十数人の相手をすることは、いままでにないエネルギーの使い方になりました。

その学園に行ってみると、教室もなければチャイムもない。現代風というのか、自主性を育てようとしているのか、ちょっとしたカルチャーショックを受けました。

私自身が学生だったのはもう半世紀前のことですが、その当時は、学校にはチャイムがあり、号令があり、それに従って行動していくのが学校生活でした。

学校では建前として教師が正しいということになっていて、指示に従うことを良しとし、従わなければ叱られて当然、というのが共通理解でありました。かといって、教師だって聖人君子ではなし、たまには誤解や勘違いから無実の罪で怒られたりするような理不尽なことがおこったりもしました。そういう環境の中で、先生や大人に対して自己主張したり、反抗したり、というのが、我々世代の学校生活というものだったのです。

それに比べると、なんと「自由」な環境でしょうか。私の（五十年前の）見地からすると、やや規律に欠けているというようにも見受けられました。それが時代の要請であると言われればそれまでで、自由と規律、自律のバランスの取り方にはいろいろなやり方があるのだろうと思います。

二十年くらい前に、地元の中学校の体育館で、小学生達に空手を教えていた時期がありました。小学生ですから、稽古と遊びの区別もつかないような子供たちもいました。当時も女子のほうがしっかりしていて、「先生、次は何をやったらいいですか？」と課題を求めてくるのは女子、体育館の天井に向かってツバを吐いて、自分の顔にかかってケラケラ笑っているのが男子、というありさま。そのような環境で、何から教えるかというと、きちんと挨拶をすることからはじめます。

礼に始まり礼に終わる、ということばがあります。

ふだんのあいさつがきちんとできることはもちろん、道場に入る前に黙礼すること。練習中も、相対でやる稽古の時は、組んだ相手とのあいだではじめとおわりに黙礼します。それは、自分だけのタイミングではなくて、相手に合わせて礼をする呼吸がわからないと、うまくいかないのです。試合の時でもそうです。待機線で黙礼、開始線で礼、節目節目で小さな礼をする。

そういう文化というか、習わしというか、そういう感覚は、くりかえしくりかえし習慣のように行うことで、身に染みついていきます。大きい声でのあいさつも、けっこうですが、黙礼、目礼、会釈の大切さが、昨今、忘れられているようにも思います。

あいさつのような簡単な礼儀作法を励行すること、それはもっとも単純な型稽古と言えます。いつも決まった動作を行う、つまり、これからやることに集中するためのルーティンであります。

## S学園での武術クラス

週一回の一時間の武術のクラスの目標は、強くなることではなく、『生徒達の「体の芯」を作ること』と、『しっかりとした呼吸ができるようになること』となりました。

前日、中国武術の基礎知識、用語を、わかりやすく説明するため、一日がかりで作ったフリップを持って、初授業に赴きました。

都心にある、駅直結のビルの中に学園のキャンパスはありました。

授業によって、机の配置を変えながらフレキシブルに使う空間で、武術の授業が始まりました。

生徒達は、床に座り、私の話を聞き始めました。すると、ものの数分と経たないうちに、生徒達の興味が薄れていくのが感じられたかとおもうと、「つまんない！」というはっきりした一声が教室に響きました。

水川と顔を見合わせ、じゃあ、さっそく実技に、ということで、嫡流真伝中国正派拳法使用法のデモンストレーションを始めました。そうすると、生徒達の目つきは急に興味津々というふうに変化し、正座したまま集中して見学してくれました。

自閉傾向のある生徒、集中できる時間が短い生徒、内向的で自信のない子、いろいろな生きづらさを抱えて集まった生徒達だと聞いていましたが、集中しているときと、飽きてしまったときのリアクションが、あまりにも素直な生徒達です。

一時間の授業はあっという間に終わりました。感じたことは、言葉は伝わったり伝わらなかったりしたかもしれないけれども、エネルギーは伝わった、ということでした。

ふだんの稽古のときでも、私の話はあちらこちらに飛ぶのは弟子達が内心あきれているところで、ふだんはもっぱらアドリブ主体の芸風であったのに、フリップを使った授業などという慣れないことをやったので、あっという間に生徒達の興味と関心が失われていったのでしょう。理屈ではなく、動きから、直感的に受け取るエネルギーが伝われればそれでいいのだな、とあらためて感じました。直観でとらえるのが先、理屈は後でよいのでしょう。理屈から反応が導かれるのではなくて、反応があって、その説明として理屈がある。ことばで導くのではなく、ひたすらエネルギーでひっぱっていく、というやり方が良いようでした。

水川君は「フリップは良かったと思いますし必要な情報でした。学園の子は色々なタイプがいますからね。身体を動かさせ、活性化させてからまたフリップに戻り、数分したらまた活動させてを繰り返すと良いのかも知れません。武術の後の私の美術の授業でも、少し話が長いと私の目の前で眠ってしまう生徒もいました。安定剤を服用しなければならない生徒は副作用でどうしても眠ってしまうと本人が言ってました。でも、武術の後は、生徒達もとても楽しそうでしたよ！」と言ってくれたので、まあ授業デビューはまあまあの出だしでした。

中には「道場はどこにあるんですか」と積極的に聞いてくる生徒もいました。

武術の時間は、道場での稽古と同じように、正座をして号令と共に黙想をします。学園長にお願いして、神棚を祀っていただきました。・・・が、なにぶん手狭な都会の校舎のことで、正座をすると、ロッカーや備品に阻まれて神棚が見えなくなってしまうところが少し残念なのですが、生徒達にはきちんとそちらを上座とするように言い、また、私が櫻公路先生に教えていただいた「神様というのは、なにも宗教的なことじゃなくて、自分のご先祖さまたちのことだと考えなさい」という話もして、いつもそちらをきちんと向いて敬意を表すように教えました。

稽古の内容は、「易筋経」と「拳法六姿勢」に絞りました。

まず、易筋経をＤＶＤに合わせて行います。易筋経は深い呼吸と体の芯を作る、という授業の目的にもっとも合致した訓練と言えます。

次に、拳法六姿勢ですが、これは中国拳法の基本の立ち方を組み合わせた私オリジナルの型です。生徒達には順番を覚えてもらって、よーいスタート！でストップウォッチで所用時間を計り、その速さを競わせるようにしました。

六姿勢より簡単なものとして、虚歩と弓歩と馬歩をジャンケンのグーチョキパーになぞらえた、「ジャン拳法」というのを考案し、生徒にやらせてみたら、これが意外なほど好評でした。あまりにも盛り上がりすぎて、ほかの先生や職員さんがなにごとかとのぞきにきたほど（うるさすぎて迷惑だったか？）。

コミュニケーションに独特の個性を持った生徒達と接するのは、なかなか骨の折れるというか、エネルギーを使わされるものでした。意に反して叫んでしまったり、座っていられなかったり、相手との距離をいきなり詰めてきて声をかけてきたり、体は大きいけれどもコミュニケーション手法が幼児のような生徒もいて、何も知らない人から見れば、ぶしつけな態度と思われて怒られることもあるだろうとヒヤヒヤしますが、そんな様子を見ると、この子供たちも大変だけれども、その親御さんたちの心労もいかばかりかと思わずにいられませんでした。少し大変だけれど、やりがいのある仕事ではありました。

## 中国拳法の授業の成果

二〇一五年五月に始まった武術の授業も、二十数回を数え、翌年の三月には年度の終了を迎えました。最後の授業は、みんなで六姿勢の演武を行えるまでになりました。演武を無事に終えた生徒達には、躾道館武術八級の免状を授与しました。

本人が責任を持たされてそこにやりがいを感じてくれたときに、人は成長する、という長い指導経験の中で信念としていましたから、彼らの成長も驚くに当たらない・・・とはいえ、やり終えた、という感慨は大きかったです。

稽古の前後の黙想・礼を、あたりまえのようにできるようになった生徒達を見た学園の先生方は、彼らが「黙って、座っている」ということに、驚いていました。

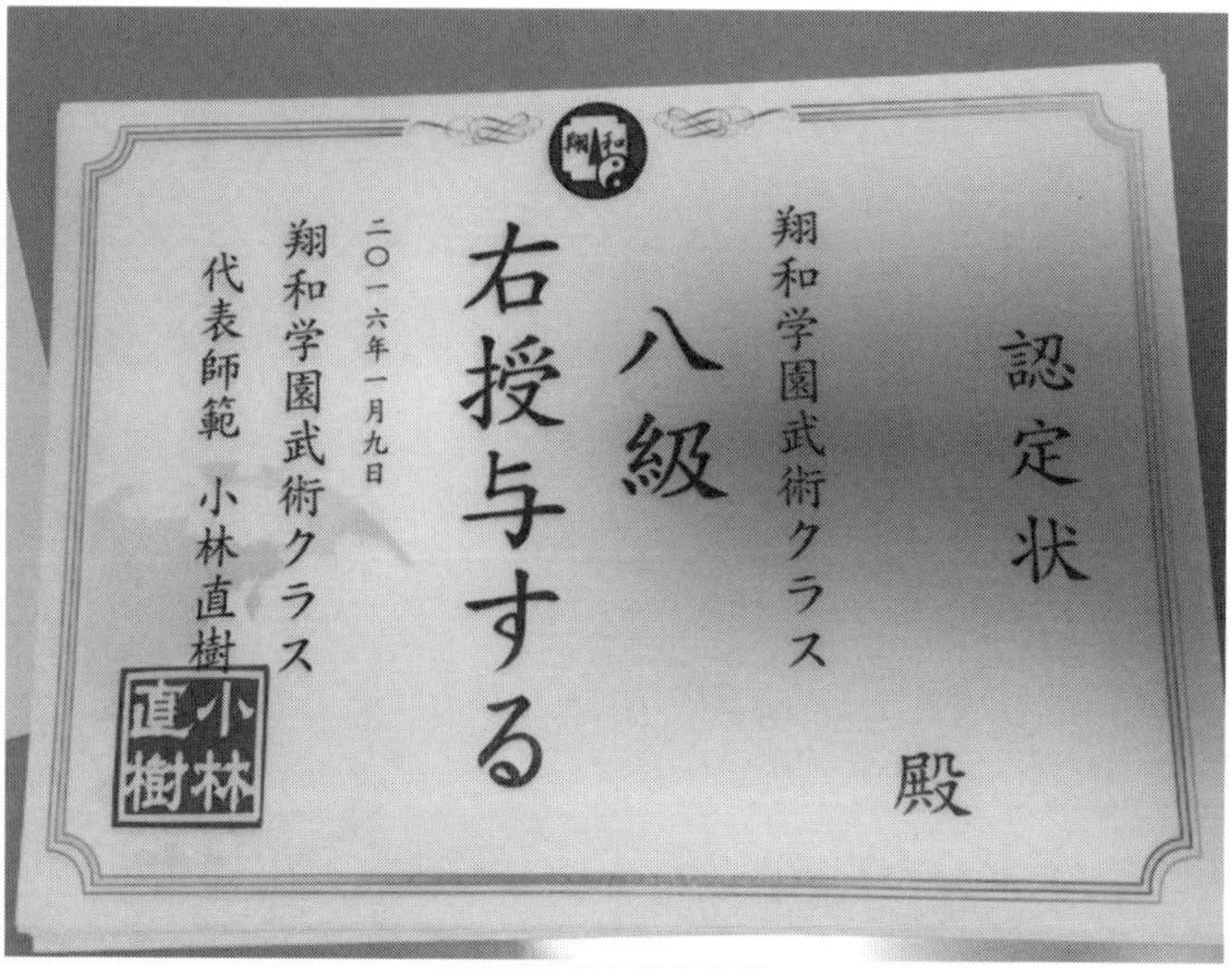


躾道館武術八級の免状

号令をかけるのは、最上級生たちです。「正座」「黙想」「先生に礼、お互いに礼」の号令を、タイミングを計って、かけていきます。簡単なことのように思いますが、極端に内向的だったり、相手の呼吸をはかれなかったり、というのが珍しくない生徒達なので、号令をかけられることも成長ですし、それに合わせて行動できるというのも、成長なのでした。

学園の先生達が驚くということは、口はばったい言い方をあえてすれば、学園の先生がなしとげられなかったことをこの武術クラスが成し遂げたということなのです。

これは、武道の稽古にある「型」の力のひとつでありましょう。「型にはまった動き」を繰り返し行う。そうすることで、動きが身につく。動作が決まっているので、迷いが無くなる。繰り返すので、動きそのものが洗練されて無駄がなくなる。そのような状態が作れると、心が安定してくるのです。

私は、正直、「勝った！」と思いました。

大変だな、つらいな、と思ったときには、「これは勝負なのだ！」と考えてみるのです。やり遂げたときに、「勝った！」と思う。

学園の人たちも、はじめのころは、得体の知れない武術の先生なんて、という感じで怪訝そうな顔をして遠巻きに見ていました（気のせいでしょうか？）が、最近は、笑顔で挨拶してくれるようになりました。

生徒達の変化と、先生達の変化を見ることができて、これも私にとっては小さな「勝った！」です。

## 易筋経の驚くべき効果

もう一つの大きな「勝った！」は、「易筋経」による変化です。これには、私も驚くような変化をみせた生徒がひとりいました。

その生徒は、夏休みを利用して躾道館の稽古に参加することになりました。

初心者なので、まずは易筋経から、じっくりと教えました。

授業でも、DVDに合わせてやっていましたが、細かい注意までは行き届きません。

それが、道場では、マンツーマンで、みっちり正しい形を叩き込みますから、内容の濃さが、まったく違うのです。

その生徒は、こどものときに大事故にあったため、高次脳機能障害をもっており、そのためなのか、体幹は三十度ばかり傾いた状態で、歩くときには片方の足は地面を引きずるようにしていました。

それが、稽古を終えて、帰るときには、傾いていた体はほぼ直立した状態、足はまだすこしすり足状態でしたが、姿勢の変化は、来たときとはまるで別人のようでした。

練習場所が公園だったので、自分の姿を見ているわけではない本人には、そんなに変化したという自覚はないらしく、とにかくびっくり驚いたのは、私と、直接、易筋経を教えていた妻でした。

「易筋経って、やっぱりすごいね！」とその日何回言ったことか。

真剣にやれば、たった一回の稽古でこれだけの効果が出るということがわかりました。

その生徒は正式に入門し、以後、継続して易筋経を行いました。

道場の稽古では、易筋経のあと、突き、蹴りの練習を行いますが、片足で立たなければ行けない蹴りは、彼にとって一つの関門でした。両足で体を支えているときにはコントロールはある程度効くようになりましたが、片足ではなかなかうまくコントロールできないのです。一つ蹴っては、転びそうになったり、実際に転倒したりしていました。

でも、たとえ体に故障がなくても、初心者で、片足で安定して立てる人のほうが少ないのです。ほかの人達は片足で立ちきれていなくても、転ぶ前に要領よくバランスを取って回復できるから、彼のようにあからさまには転ばないだけです。いわば、ちょっとごまかしているわけで、ごまかしているということに本人達も気がついていない。できていると錯覚してしまっているのです。もっとゆっくり蹴ったり、実際にものを蹴ったりするまで、片足で立てていないことに気がつかないことが多いでしょう。転んであからさまに「できない」ことと向き合えている彼の方が、もしかしたらラッキーなのかもしれません。はじめて稽古に来たとき、二時間の易筋経で姿勢が改善したということは、もともと、その姿勢を取れるだけの能力が体に備わっているということ。斜めに傾いていたのは、言ってみればクセのようなものだったはずです。その証拠に、重心を整えてまっすぐ立ったところから、丁寧に片足に体重を乗せるように促し、片足を上げて見るように言うと、転ばずに立っていることができました。

彼は二年ほど稽古に通った結果、蹴りもできるようになり、軽い組手までできるところまで成長しました。

また、はじめのうちは、同じことを何度も確認したり、唐突に自分の話をし出したりするようなところもあったのですが、体の動きがよくなるにつれ、自己中心的だったコミュニケーションの取り方も改善されていったのです。

S学園での武術の授業を担当して四年になりますが、拳法の稽古を通じて、こういう形で世の中の役に立つという道もあるのだという、新たな発見ができました。

ちなみに、大日本講武会での体作りには、もっぱら易筋経、腹筋、腕立て伏せなどの自重によるトレーニングをやっていましたが、私が一時期バーベルを持ち上げるような筋トレを始めたことがありました。それに対して、櫻公路先生は、そういうトレーニングは内臓を圧迫するから良くない、という意見でした。私は先生のおっしゃることが全て、という態度だったので、先生が辞めろとおっしゃるならということで、それ以来、器具を使った筋トレの類はいっさいやっていません。

思うに、体は、バランスが大事で、どこか一部の筋肉を肥大させるとそのバランスが崩れて、かえって体に故障を抱える危険があるのではないかと思います。高い負荷をかけて短時間で筋肉を肥大させるのは中国拳法的発想ではないのです。思うに、現代の流れは、呼吸の大切さやバランス重視になってきているのではないかと思います。

もともと櫻公路先生は、拳法部の入門者に対して、腹筋と腕立て伏せを各五百回ずつやることを課していたそうです。それほど厳しくしたせいでなかなか修業の続く人がおらず、見かねたテル子先生にたしなめられて、桁をひとつ下げました。私が入門したのは桁が下がってからでした。私だって、最初から五百回だったら、続けていられたかどうか、と思います。

道場も、長く続けていると、流れというものがあるのを感じます。

当会発足当初は、バリバリの武術の経験者が集まっていた、いわば強さを志向する人達が多かった、という意味では、入会時のハードルは、昔のほうが高かったかも知れません。組手をしないと入門できない、などという噂も立ったことがある当会ですが、入門前に組手をやったのは、小川君までで、それ以降は、どなたでも歓迎というスタンスでやってきたのが事実です。

チャンピオンクラスの人を、そのひとつ上に導けるのが、櫻公路先生と澤井先生に学んだ私の指導力だという自負もある一方で、できるだけ垣根を低くし、必要な人に、稽古のチャンスを提供していく、そうしたところに、新時代の需要があるのかもしれません。

## パントマイムで銃に克つ男

二〇一八年には、なんともつらい別れがありました。弟子のひとりであった三谷和之君が富士山で遭難しそのまま帰らぬ人となりました。享年四八歳でした。

躾道館には、武道一筋の弟子ばかりでなく、ダンスやパフォーマンスアートを専門にしてきた人達がひょっと入門してきたりしました。三谷君もそのひとりで、マルセル・マルソー国際マイム学院でパントマイムを学びディプロマを取得したパフォーミングアーチストであり、卒業後もマイムの神様ともいわれる師のワークショップでアシスタントを勤めるなどマルソーの信頼も厚く、パリを中心に独自の舞台活動を展開していましたが、二〇〇〇年に日本に帰国。その後、東京都ヘブンアーティストの資格を取得し、上野でパフォーマンスを行ったり、ディズニーランドのファンカストーディアルトして人気を博していました。

うちに稽古に来ていた頃は、アーティスト活動のかたわら、家屋の解体などの肉体労働をやっていという話をしていて、「おかげで筋肉が硬くなっちゃって」と笑っていました。以前に武道の経験もあり、マイムで鍛えた柔らかい動きには光るものがありました。

今は亡き三谷和之君とのツーショット

二〇一三年の一月九日、新年会に久しぶりに顔を出してくれ、あまりにも話がはずんで、その晩は水川君とともにわが家に泊まっていったときのこと。とりとめもなく、いろいろな話が出た中で、彼から聞いた話で、とても印象的なものがありました。

アメリカで、拳銃強盗に襲われたことがあったそうなのです。

「おとなしく財布を出せ」とでもいったのでしょうか。

ここで、興奮している相手を刺激してはいけない、財布を出そうとあわててポケットに手を入れたりしたら、銃を出すかと間違われて、撃たれてしまうかも知れない、一瞬のうちに考えた彼を救ったのは、マイムでした。

強盗に向かって、「マ～イ　ウォレ～ット？　MY Wallet?」と言いながら、できるだけゆ～っくりと、胸に忍ばせた強盗用のお札（強盗対策に、常に多すぎず少なすぎない金額を、入れていたという周到さ）をスローモーションで取り出して、動揺を隠して、おそらくは笑みさえ浮かべながら、強盗に差し出したのでした。

幸いにして、強盗はそれで満足して解放されたとのことです。

その話を聞いたときに、私は「黒帯！　免状あげる！」と彼に言いました。非常時に、自分が修業してきたことを一〇〇パーセント出し切って、その場を切り抜けることができたら、もういうことはありません。

なかなか顔を出せなくてすみません、と言いながら、たまに顔を見せてくれたときには温厚なたたずまいで、人の話をよく聞いていてくれ、私が「オレなんか、弟子達に、先生は何を言ってるかわかりません、て、言われちゃうんだよ。」というと、「天才って言うのはそういうもんなんですよ」などとフォローしてくれるような、そんな人だったので、あの三谷君ともう会えなくなったとわかったときには、ほんとうに衝撃を受けるのと同時に、免状をあげる、と言ったまま、渡していないことを思い出しました。三段の免状は、お通夜の席で、喪主である三谷君のお兄さんに受け取っていただきました。

櫻公路先生が、あるとき、弟子を思う気持ちは親子以上のものがある、とおっしゃったことがありました。私には子どもはいないので、ほんとうにそうかどうかはわかりませんが、子どもが親より先に逝ってしまう逆縁ということばがありますけれども、この気持ちはそれに近いものがあると思いました。

### 教えることで成長する

私は、弟子達に、人に教えることを奨励します。新しく人が入ってきたときは、前からいる弟子に、基本的な指導を任せてしまいます。

自分がラクをしたいから、だと思うでしょうか。任された弟子は、もしかしたら、そう思っているかも知れません。

人は、仕事を任されると、責任感とともに行動するようになり、そのことで大きく成長することができます。

弟子は、私を師匠として選び入門してきますが、入門希望者を私が選り好みして、この人は取るが、この人は断る、ということは、いたしません。好むと好まざるとに関わらず、入門させま

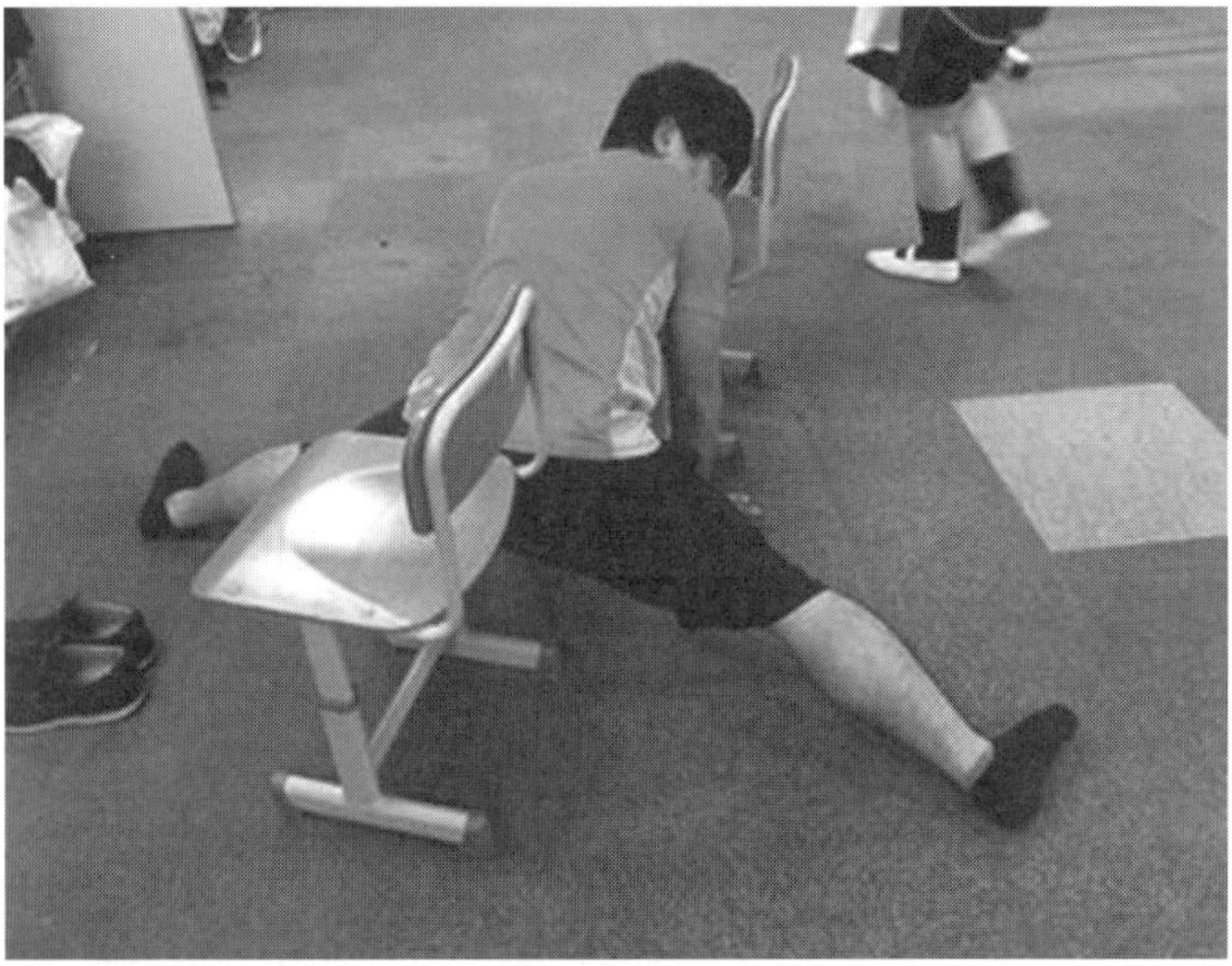

開脚を頑張るＡ君

田中館長（当時）を迎えての忘年会

す。そして、入門してきたからには、こちらから破門したことは一度もありません。

じつは弟子というのは勝手なもので、師匠の言うことを聞いているように見えて、ぜんぜん言うことを聞いていないものだったりします。これをやりなさい、といえば、「はい」と返事はしますが、見ていると、そのうちに自分のやりたい稽古だけ重点的にやるようになります（まあ、たいていの場合、易筋経をサボリ始めます）。

これが後輩に教えるとなると、サボるわけにもいかず、きちんとやらざるを得ません。人に説明することで、自分の理解も深まります。

先輩と後輩の組み合わせというのも重要で、ちょっとラフな人には、あえてこどもを任せるようにすると、自然と、ものの言い方がやさしく思いやりのあるようになったりするのです。こういうことは、私自身が大日本講武会で圧倒的に強い先輩達から身をもって学んだことでありま す。前にも書きましたが、二段蹴りを人中（鼻の下の急所）でピタッと止めた先輩の実力。力でねじ伏せなくても、自然にこちらの頭が下がるような本当の実力者の存在を実感させられること。そういう師匠と先輩に出会えたことは私の財産であります。

## 躾道館のレガシーとはなにか

私は幸いにして大日本講武会で櫻公路先生に出会い、教えを受けることができました。諸先輩方にも大変お世話になり実力をつけていただきました。

自然に、「櫻公路先生に恩返しをしたい。」と、ずっと思ってきました。

この本を書くことも、恩返しのひとつです。紆余曲折あり、本を出そうと企画してから二十年も経ち、時代も令和に入りました。

おかげで、初期の弟子たちは、躾道館を通じて学んだ嫡流真伝中国正派拳法の技術を持って、さらに研鑽を積み、自らの道場や活動の場を開いてくれています。

最後に、私は何をもって「先生への恩返し」とすればよいのだろうか、とあらためて考えてみたいと思います。

よく言われることは、師匠に直接恩を返すことは不可能である、ということです。ならばどうすればいいかというと、後進の者を育てること、自分がしてもらったように導くことでありましょう。

私には櫻公路先生から有形無形の財産を受け継いだという自覚があります。

有形なもの・・・嫡流真伝中国正派拳法の技術体系を体現できること。

無形なもの・・・「弟子を思う気持ちは肉親以上」と言って下さった、弟子にかける愛情。私は実の父とは幼いときに別れているので、先生を父親とも思って、入門してから今日まで、自分の男子としての生き方を導いてくれる方とも思ってきました。先生と過ごした時間は三年という短さでしたが、私の人間形成に与えられた影響は大きく、なにかというと、いまだに先生の言葉を参照している自分に気がつきます。

・先生から評価してもらったことで自尊心を支えられて自信が持てたこと。
・例えば、未成年でもいっしょにお酒を飲ませてもらうとか、清濁併せ持つ、という価値観
・道場の良さ。先輩後輩という間柄。教わる者の成長を考えると、教える者も人間的に成長する。
・怪我をさせない、怖がらせないように、手加減をできるような強さを、上の者は持つこと。
・成功体験を積む。はじめはできないことでも、稽古していけば、できるようになってくる。ということを、体験することができる

最近、高校一年生の弟子が、拳法を始めてから変わったこととして、「うまくできないことがあると前はすぐに落ち込んでしまったけれど、今は、自分がダメだと思わないで、がんばることができるようになった。」ということを言ってくれました。「大人になったら、先生がしてくれたみたいに、自分のような子を励ませる人になりたいと思う」とも言ってくれました。

男子教育の場として躾道会を発足しましたが、これを言ってくれたのは、女子でした。

男子・女子と意識すること自体が、もう令和の時代には合わなくなっているのかもしれません。

# ほんとうのあとがき

最初に本の企画をいただいたとき、まだ私は四十代でした。そのうち、そのうち、と延ばし延ばしにしてきて、今年、六五歳です。光陰矢のごとし。

散打交流大会で審判を共にしてきた諸先生方には推薦文をお願いしながら、長いこと出版せず、ほんとうにご迷惑をおかけいたしました。ここにお詫び申し上げます。

昭和の武人・櫻公路先生の姿を残しておきたくて書き始めましたが、書き終わってみると、武人としての姿ではなく、師匠として愛された姿となったように思います。

もっともっと厳しい櫻公路先生の姿があったかもしれない。

思い出を書いてみたら、武道を愛し、弟子をかわいがってくれた先生の姿だった、ということです。

大日本講武会から独立して四半世紀になろうとしています。

入門してきた人達、卒業していった人達、去っていった人達、思い出すといろいろなことがありました。そのいろいろがあって今があります。

本書では、必要なところ以外、個人のお名前は基本的にイニシャル表記とし、なるべく個人の名前を出さないように配慮しました。

私の弟子の諸君の中には、自分のことが書かれた人もいるし、書かれていない人もいます。それについて、満足もあり、不満もあるでしょうが、勘弁してください。

私にそれぞれのみなさんを差別する気持ちはまったくありません。

全員について書きたい気持ちもやまやまですが、あえてそうしませんでした。

櫻公路先生の孫弟子にあたる諸君のなかにひとりとして駄者はいない、と私は心底信じています。

これからも、ほそぼそとではありますが、弟子を育てていきます。

死ぬまでに本物を十人育てよう、と誓いを立てました。

二〇一九年　令和元年十月吉日

躾道館　小　林　直　樹

小林 直樹（こばやし・なおき）

1954年3月1日生まれ。16歳で櫻公路一顱が主宰する大日本講武會に入門。中国拳法を学ぶ。日本武術と中国武術の融合という櫻公路一顱が目指した武術を体現する弟子として頭角を現す。師の死後、澤井健一と出会い28歳で入門。神宮の杜で指導を受ける。澤井健一逝去の後も太気拳一門として活動。その実力と指導力は長年高く評価されてきた。1994年、師の教えと技術を真摯に受け継ぐ者を育成することを目標として躾道會を設立。2008年、太氣至誠拳法の指導を許されたことをきっかけに躾道館と改称。躾道館首席師範。

## 昭和の武人　櫻公路一顱先生の教え

2019年12月25日　第1刷印刷
2020年 1月15日　第1刷発行

著　者　小林直樹
発行者　恩蔵良治
発行所　壮神社（Sojinsha）
〒102-0093　東京都千代田区平河町2-2-1-2F
TEL.03-3239-8989／FAX.03-6332-8463